한국어뱅크

합격의 신

New TOPIK II

한국어능력시험 II
중·고급(3~6급)

쓰기

동양북스

한국어뱅크

한국어능력시험 II 중·고급(3~6급)

초판 1쇄 인쇄 | 2018년 11월 1일
초판 1쇄 발행 | 2018년 11월 5일

지은이 | 토픽어학연구소
발행인 | 김태웅
편집장 | 강석기
편 집 | 김현아, 안현진, 장아름
디자인 | 방혜자, 김효정, 서진희
마케팅 총괄 | 나재승
마케팅 | 서재욱, 김귀찬, 오승수, 조경현, 양수아, 김성준
온라인 마케팅 | 김철영, 양윤모
제 작 | 현대순
총 무 | 김진영, 안서현, 최여진, 강아담
관 리 | 김훈희, 이국희, 김승훈

발행처 | (주)동양북스
등 록 | 2014-000055호(2014년 2월 7일)
주 소 | 서울시 마포구 동교로22길 12 (04030)
전 화 | (02)337-1737
팩 스 | (02)334-6624

http://www.dongyangbooks.com

ⓒ토픽어학연구소, 2018

ISBN 979-11-5768-447-2 13710

이 도서의 국립중앙도서관 출판예정도서목록(CIP)은 서지정보유통지원시스템 홈페이지(http://seoji.nl.go.kr)와
국가자료공동목록시스템(http://www.nl.go.kr/kolisnet)에서 이용하실 수 있습니다.
(CIP제어번호:CIP2018032826)

쓰기 실력을 키우는 지름길은 있다? 없다?

여러분은 여행을 가거나 처음 가는 곳에 갈 때 어떻게 길을 찾으시나요?
예전에는 주변에 물어보는 경우가 많았겠지만 지금은 스마트폰에 있는 지도 앱을 이용하여
혼자서도 쉽게 목적지를 찾는 분이 많을 것입니다.

한국어능력시험을 준비하는 학습자들도 낯선 목적지를 찾아가는 여행자와 같다는 생각이
듭니다. 특히 쓰기 과목을 낯설어하는 학습자가 많습니다. 쓰기가 두려워 공부도 해 보기 전
에 미리 포기하는 학습자가 많습니다. 하지만 쓰기는 결코 어려운 과목이 아닙니다. 자신의
의견을 풀어가는 과정이니 오히려 더 자유롭게 해결할 수 있을 것입니다.

지도 앱이 낯선 곳을 쉽게 찾을 수 있게 도와주듯이 이 책은 쓰기 시험을 준비하는 학습자들
에게 쓰기 시험을 어떻게 준비해야 하는지 안내해 줄 것입니다.

이 책의 자세한 구성은 다음과 같습니다.

- 챕터1에서는 기출 문제를 유형별로 분석하고 쓰기 시험의 채점 기준을 제시했습니다. 특
  히 '답안으로 확인하는 팁'에는 여러 감점 요인을 정리해 두었으니 실제로 답안 작성을 할
  때 어떻게 해야 하는지 알 수 있을 것입니다. 또한 연습 문제를 통해 각 유형별로 문제를
  푸는 방법을 쉽게 익힐 수 있습니다.

- 챕터2에서는 실제 시험에 대비할 수 있도록 실전 모의고사를 4회분으로 구성했습니다. 실
  제 시험을 보는 것처럼 시간에 맞춰 풀어 보세요.

- 정답과 모범 답안의 글을 확인하면 글의 구성과 단락 나누기, 어휘 및 표현 공부에 도움이
  될 것입니다. 모범 답안의 글을 읽으면서 유형별로 어떻게 글을 써야 하는지 확인할 수 있
  습니다.

- 부록에서는 그동안 출제되었던(22회~37회, 41회) 쓰기 문제를 유형별로 분석했습니다.
  이를 통해 시험에 자주 나온 주제와 내용이 무엇인지 확인할 수 있습니다.

처음 가는 길만 시간이 걸리고 낯설 뿐입니다. 한 번 두 번 그 길을 걷다 보면 어느새 자연스
러워집니다. 쓰기도 마찬가지입니다. 한 번 두 번 연습하다보면 잘 할 수 있을 것입니다. 이
책이 쓰기 시험을 준비하는 여러분들에게 큰 도움이 되기를 바랍니다.

여러분들 잘 쓸 수 있습니다. 파이팅!

TOPIK 소개

시험의 목적

— 한국어를 모국어로 하지 않는 재외동포 · 외국인의 한국어 학습 방향 제시 및 한국어 보급 확대
— 한국어 사용능력을 측정 · 평가하여 그 결과를 국내 대학 유학 및 취업 등에 활용

응시대상

한국어를 모국어로 하지 않는 재외동포 및 외국인으로서
— 한국어 학습자 및 국내 대학 유학 희망자
— 국내외 한국 기업체 및 공공기관 취업 희망자
— 외국 학교에 재학 중이거나 졸업한 재외국민

유효기간

성적발표일로부터 2년간 유효

시험의 활용처

— 정부초청 외국인장학생 진학 및 학사관리
— 외국인 및 12년 외국 교육과정이수 재외동포의 국내 대학 및 대학원 입학
— 한국기업체 취업희망자의 취업비자 획득 및 선발, 인사기준
— 외국인 의사자격자의 국내 면허인정
— 외국인의 한국어교원자격시험(2~3급)응시 자격 취득
— 영주권 취득
— 결혼이민자 비자 발급 신청

시행 시기

시기		성적 발표	시행 지역
상반기	1월경	2월경	국내
	4월경	5월경	국내외
	5월경	6월경	국내외
하반기	7월경	8월경	국내외
	10월경	11월경	국내외
	11월경	12월경	국내외

시험 시간

구분	교시	영역	중국 등			한국, 일본			기타국가			시험 시간 (분)
			입실 시간	시작	종료	입실 시간	시작	종료	입실 시간	시작	종료	
TOPIK I	1교시	듣기 읽기	08:30	09:30	10:40	09:20	10:00	11:40	09:00	09:30	11:10	100
TOPIK II	1교시	듣기 쓰기	11:30	12:00	13:50	12:20	13:00	14:50	12:00	12:30	14:20	110
	2교시	읽기	14:10	14:20	15:30	15:10	15:20	16:30	14:40	14:50	16:00	70

※ 중국 등 : 중국(홍콩 포함), 몽골, 대만, 필리핀, 싱가포르, 브루나이, 말레이시아
※ 시험 시간은 현지 시간 기준 / TOPIK I과 TOPIK II 복수 지원 가능
※ TOPIK I은 1교시만 실시함
※ 중국 TOPIK II는 13:00에 시작

시험의 수준 및 등급

— 시험수준: TOPIK I, TOPIK II
— 평가등급: 6개 등급(1~6급)
　　획득한 종합점수를 기준으로 판정되며, 등급별 분할점수는 아래와 같습니다.

구분	TOPIK I		TOPIK II			
	1급	2급	3급	4급	5급	6급
등급결정	80점 이상	140점 이상	120점 이상	150점 이상	190점 이상	230점 이상

※ 35회 이전 시험기준으로 TOPIK I은 초급, TOPIK II는 중고급 수준입니다.

문항구성

1) 수준별 구성

시험 수준	교시	영역(시간)	유형	문항수	배점	총점
TOPIK I	1교시	듣기(40분)	객관식	30	100	200
	2교시	읽기(60분)	객관식	40	100	
TOPIK II	1교시	듣기(60분)	객관식	50	100	300
		쓰기(50분)	주관식	4	100	
	2교시	읽기(70분)	객관식	50	100	

2) 문제유형
　― 객관식 문항(사지선다형)
　― 주관식 문항(쓰기 영역)
　　• 문장완성형: 2문항(단답형)
　　• 작문형: 2문항(200~300자 정도의 중급 수준 설명문 1문항, 600~700자 정도의 고급 수준
　　　논술문 1문항)

등급별 평가 기준

시험수준	등급	평가기준
TOPIK I	1급	'자기 소개하기, 물건 사기, 음식 주문하기' 등 생존에 필요한 기초적인 언어 기능을 수행할 수 있으며 '자기 자신, 가족, 취미, 날씨' 등 매우 사적이고 친숙한 화제에 관련된 내용을 이해하고 표현할 수 있다. 약 800개의 기초 어휘와 기본 문법에 대한 이해를 바탕으로 간단한 문장을 생성할 수 있다. 간단한 생활문과 실용문을 이해하고, 구성할 수 있다.
	2급	'전화하기, 부탁하기' 등의 일상생활에 필요한 기능과 '우체국, 은행' 등의 공공시설 이용에 필요한 기능을 수행할 수 있다. 약 1,500~2,000개의 어휘를 이용하여 사적이고 친숙한 화제에 관해 문단 단위로 이해하고 사용할 수 있다. 공식적 상황과 비공식적 상황에서의 언어를 구분해 사용할 수 있다.
TOPIK II	3급	일상생활을 영위하는데 별 어려움을 느끼지 않으며, 다양한 공공시설의 이용과 사회적 관계 유지에 필요한 기초적 언어 기능을 수행할 수 있다. 친숙하고 구체적인 소재는 물론, 자신에게 친숙한 사회적 소재를 문단 단위로 표현하거나 이해할 수 있다. 문어와 구어의 기본적인 특성을 구분해서 이해하고 사용할 수 있다.
	4급	공공시설 이용과 사회적 관계 유지에 필요한 언어 기능을 수행할 수 있으며, 일반적인 업무 수행에 필요한 기능을 어느 정도 수행할 수 있다. 또한 '뉴스, 신문 기사' 중 평이한 내용을 이해할 수 있다. 일반적인 사회적·추상적 소재를 비교적 정확하고 유창하게 이해하고, 사용할 수 있다. 자주 사용되는 관용적 표현과 대표적인 한국 문화에 대한 이해를 바탕으로 사회·문화적인 내용을 이해하고 사용할 수 있다.
	5급	전문 분야에서의 연구나 업무 수행에 필요한 언어 기능을 어느 정도 수행할 수 있다. '정치, 경제, 사회, 문화' 전반에 걸쳐 친숙하지 않은 소재에 관해서도 이해하고 사용할 수 있다. 공식적, 비공식적 맥락과 구어적, 문어적 맥락에 따라 언어를 적절히 구분해 사용할 수 있다.
	6급	전문 분야에서의 연구나 업무 수행에 필요한 언어 기능을 비교적 정확하고 유창하게 수행할 수 있다. '정치, 경제, 사회, 문화' 전반에 걸쳐 친숙하지 않은 주제에 관해서도 이용하고 사용할 수 있다. 원어민 화자의 수준에는 이르지 못하나 기능 수행이나 의미 표현에는 어려움을 겪지 않는다.

성적 확인 방법 및 성적증명서 발급

① 성적 확인 방법

   홈페이지(www.topik.go.kr) 접속 후 확인 및 발송된 성적증명서 확인

   ※ 홈페이지에 접속하여 성적을 확인할 경우 시험 회차, 수험번호, 생년월일이 필요함

   ※ 해외응시자도 홈페이지(www.topik.go.kr)를 통해 자기 성적 확인

② 성적증명서 발급 대상

   부정행위자를 제외하고 합격 · 불합격 여부에 관계없이 응시자 전원에게 발급

③ 성적증명서 발급 방법

   TOPIK 홈페이지 성적증명서 발급 메뉴를 이용하여 온라인 발급(성적발표 당일 출력 가능)

● 자세한 사항은 토픽 홈페이지 (http://www.topik.go.kr)에서 확인하시기 바랍니다.

● 기타 한국어능력시험(TOPIK)관련 문의는 국립국제교육원 TOPIK팀으로 문의하여주시기 바랍니다.
  (Tel : 02-3668-1331 또는 E-mail : topik@moe.go.kr)

이 책의 구성과 활용

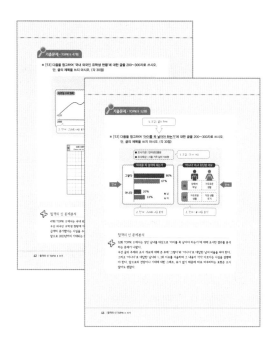

►►► 시험에 이렇게 나온다!

제47회, 52회 TOPIK 기출 문제를 보며
시험 유형을 익혀 보세요.
시험에 이렇게 나오니까 꼼꼼하게 보세요.

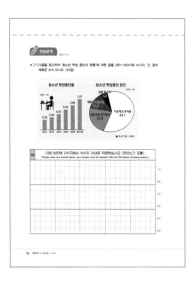

►►► 연습문제

TOPIK 쓰기 문항에 익숙해지기 위해 실제 시험과
똑같은 유형의 연습문제를 제시했습니다.
문제 유형뿐만 아니라 지문의 종류나 난이도도
유사하게 출제했습니다.

실전 모의고사 ◀◀◀

시험 직전 완벽 마무리를 위한
실전 모의고사 4회분을 수록하였습니다.
시간을 재면서 문제를 풀어 보면
자신의 부족한 부분을
파악할 수 있을 것입니다.

▶▶▶부록

TOPIK 22회~37회, 41회까지 정리한
기출 분석 표를 보며 시험에 나오는 지문과
유형별 특징을 공부할 수 있습니다.

목차

chapter1 기출 유형 분석 + 연습문제

chapter2 실전 모의고사

chapter 1

기출유형분석 + 연습문제

 유형 1

TOPIK II 쓰기 51번

유형 01 빈칸에 알맞은 문장 넣기

광고(모집, 판매 등), 이메일이나 편지(약속, 부탁, 요청 등), 초대(결혼식, 돌잔치, 집들이 등)와 같이 일상생활에서 쉽게 볼 수 있는 글이 제시된다.■ 글의 종류를 파악하여 글을 쓴 이유나 목적을 이해하는 것이 좋다.

■ 지금까지 출제된 문제를 정리하였다. 부록 참조 p.138

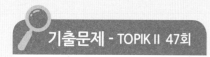

※ [51~52] 다음을 읽고 ㉠과 ㉡에 들어갈 말을 각각 한 문장으로 쓰시오. (각 10점)

51

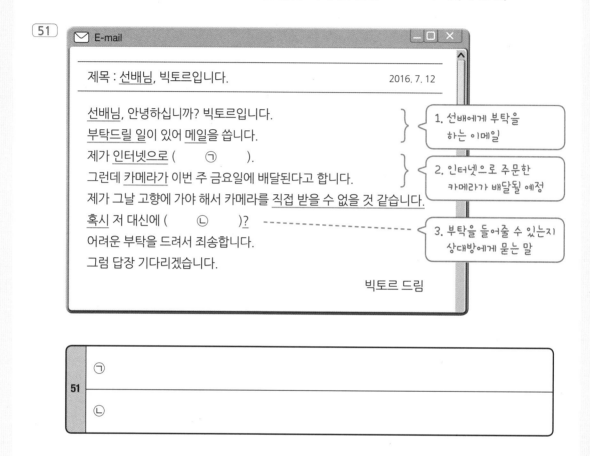

51		
	㉠	
	㉡	

 합격의 신 문제 분석

47회 TOPIK Ⅱ에서는 선배에게 부탁을 하는 내용의 이메일이 출제되었다.

㉠의 경우, 앞 문장과 뒤 문장을 보면 인터넷으로 주문한 카메라가 이번 주 금요일에 배달된다는 것을 알 수 있다.

㉡의 경우, 앞 문장에서 자신이 직접 받을 수 없다는 것을 얘기하였다. '혹시', '저 대신에' 라는 단어와 문장의 마지막이 물음표로 끝나는 것을 보면 부탁을 들어줄 수 있는지 상대방에게 묻는 말이 들어가야 한다는 것을 추측할 수 있다.

모범 답안

※ [51~52] 다음을 읽고 ㉠과 ㉡에 들어갈 말을 각각 (한 문장)으로 쓰시오. (각 10점)
*1

51
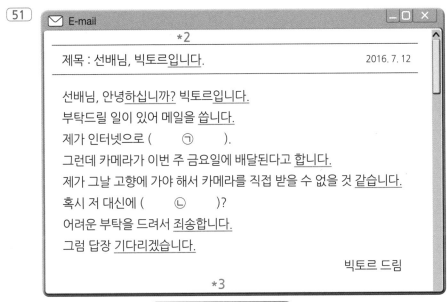

┌─────────────────────────────────────┐
│ ✉ E-mail   _ □ X │
│ ─────────────────*2────────────── │
│ 제목 : 선배님, 빅토르입니다.   2016. 7. 12 │
│   │
│ 선배님, 안녕하십니까? 빅토르입니다. │
│ 부탁드릴 일이 있어 메일을 씁니다.   │
│ 제가 인터넷으로 (㉠   ).   │
│ 그런데 카메라가 이번 주 금요일에 배달된다고 합니다. │
│ 제가 그날 고향에 가야 해서 카메라를 직접 받을 수 없을 것 같습니다. │
│ 혹시 저 대신에 (㉡   )?   │
│ 어려운 부탁을 드려서 죄송합니다.   │
│ 그럼 답장 기다리겠습니다.   │
│   빅토르 드림 │
│   *3   │
└─────────────────────────────────────┘

주관식 답안은 정해진 (답란을 벗어나거나 답란을 바꿔서) 쓸 경우 점수를 받을 수 없습니다.
(Answers written outside the box or in the wrong box will not be graded.)

51	㉠ 카메라를 주문했습니다
	㉡ 카메라를 받아 주실 수 있으십니까

 합격의 신 TIP

1. 답은 한 문장으로 쓴다.
2. 문장의 종결이 '-(스)ㅂ니다'로 되어 있다. 따라서 답은 '-(스)ㅂ니다'로 쓴다.
3. ㉠과 ㉡에 해당하는 답을 각각 답란 안에 쓴다.

[51번 채점 기준] ㉠(5) + ㉡(5) = 10

※ 51번은 아래와 같은 내용을 평가한다.

내용 및 과제 수행의 적절성	적절한 어휘와 표현을 사용하여 문맥의 의미를 해치지 않도록 문장을 완성해야 한다.
언어 사용 문법과 문형	정확한 문법과 문형, 맞춤법을 사용해야 한다.

[1] 언어사용 감점

51	㉠	카메라를 주문했어요
	㉡	카메라를 받아 주실 수 있어요?

㉠ '-했어요', '-어/아요'를 사용했습니다. '-(스)ㅂ니다'로 써야 합니다.
㉡ '-있어요', '-어/아요'를 사용했습니다. '-(스)ㅂ니다'로 써야 합니다.

51	㉠	제가 인터넷으로 카메라를 주문했습니다
	㉡	혹시 저 대신에 카메라를 받아 줄 수 있습니까?

㉠ '제가 인터넷으로'는 지문에 이미 있습니다. 지문을 중복해서 쓰면 안 됩니다.
㉡ '혹시 저 대신에'는 지문에 이미 있습니다. 지문을 중복해서 쓰면 안 됩니다.

51	㉠	카메라를 인터넷에서 구입했습니다
	㉡	카메라를 대신 받아 줄 수 있습니까?

㉠ '인터넷에서'는 지문의 '인터넷으로'와 의미가 같습니다. 중복해서 쓰면 안 됩니다.
㉡ '대신'은 지문의 '대신에'와 의미가 같습니다. 중복해서 쓰면 안 됩니다.

51	㉠	카메라가 샀습니다.
	㉡	선배님이 받아 줄 수 있습니다.

㉠ 조사 '-가'는 '-를'로 고쳐야 합니다.
㉡ 지문에 '?'로 되어 있으므로 의문형 문장으로 써야 합니다.

[2] 내용 감점

51	㉠ 주문했습니다.
	㉡ 받아 주실 수 있으십니까?

㉠ 무엇을 주문했는지 알 수 없습니다. '카메라'를 꼭 써야 합니다.
㉡ 무엇을 받아 주어야 하는지 알 수 없습니다. '카메라'를 꼭 써야 합니다.

51	㉠ 카메라를 사고 싶습니다.
	㉡ 카메라를 받아줍니다.

㉠ '사고 싶습니다'는 의미가 맞지 않습니다.
㉡ '받아줍니다'는 부탁의 의미가 없습니다.

[3] 0점

51	㉠ 카메라를 인터넷에서 구입했습니다 / 샀습니다.
	㉡ 카메라를 대신 받아 줄 수 있습니까? / 받을 수 있습니까?

㉠ 한 개의 문장을 써야 합니다.
㉡ 한 개의 문장을 써야 합니다.

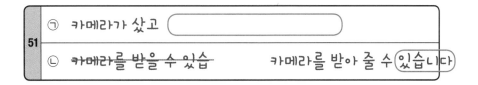

51	㉠ 카메라가 샀고
	㉡ 카메라를 받을 수 있습 카메라를 받아 줄 수 있습니다

㉠ 문장이 완결되지 않았습니다.
㉡ 답란 안에 다 쓰지 못하고 답란을 벗어났습니다.

※ [51~52] 다음을 읽고 ㉠과 ㉡에 들어갈 말을 각각 한 문장으로 쓰시오. (각 10점)

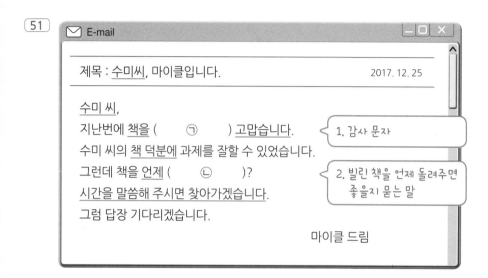

51

┌─────────────────────────────────────┐
│ ✉ E-mail   _ □ ✕ │
├─────────────────────────────────────┤
│ ─────────────────────────────────── │
│ 제목 : <u>수미씨, 마이클입니다.</u>   2017. 12. 25 │
│ ─────────────────────────────────── │
│ <u>수미 씨,</u>   │
│ 지난번에 <u>책을</u> (㉠   ) <u>고맙습니다.</u> ⟨ 1. 감사 문자 │
│ 수미 씨의 <u>책 덕분에</u> 과제를 잘할 수 있었습니다. │
│ 그런데 책을 언제 (㉡   )?   ⟨ 2. 빌린 책을 언제 돌려주면 │
│ <u>시간을 말씀해 주시면 찾아가겠습니다.</u>   좋을지 묻는 말 │
│ 그럼 답장 기다리겠습니다.   │
│   마이클 드림   │
└─────────────────────────────────────┘

51	㉠
	㉡

 합격의 신 문제 분석

52회 TOPIK II에서는 책을 빌려준 친구에게 감사 인사를 하며 책을 언제 돌려주면 좋을지 묻는
문제가 출제되었다.

㉠의 경우, 문장의 뒤 단어 '고맙습니다'와 앞의 '책을'을 보면 동사를 써야 한다는 것을 알 수 있
고 '수미 씨의 책 덕분에'를 보면 수미 씨가 책을 빌려줘서 과제를 잘 끝냈다는 말이 들어가야 한
다는 것을 알 수 있다.

㉡의 경우, '책을 언제'라는 단어와 '시간을 말씀해 주시면'이라는 표현으로 보아 상대방이 괜찮은
시간을 묻고 있음을 알 수 있다.

모범 답안

※ [51~52] 다음을 읽고 ㉠과 ㉡에 들어갈 말을 각각 (한 문장)으로 쓰시오. (각 10점)   *1

51

┌───┐
│ ✉ E-mail   _ □ ✕ │
├───┤
│   ─────── *2   │
│ 제목 : 수미씨, 마이클입니다.   2017. 12. 25 │
│   │
│ 수미 씨,   │
│ 지난번에 책을 (㉠   ) 고맙습니다. │
│ 수미 씨의 책 덕분에 과제를 잘할 수 있었습니다.│
│ 그런데 책을 언제 (㉡   )?   │
│ 시간을 말씀해 주시면 찾아가겠습니다.   │
│ 그럼 답장 기다리겠습니다.   │
│   마이클 드림   │
│   *3   │
└───┘

주관식 답안은 정해진 (답란을 벗어나거나 답란을 바꿔서) 쓸 경우 점수를 받을 수 없습니다.
(Answers written outside the box or in the wrong box will not be graded.)

┌────┬──────────────────────────────────┐
│   │ ㉠ 빌려 주셔서   │
│ 51 ├──────────────────────────────────┤
│   │ ㉡ 돌려드리면 되겠습니까   │
└────┴──────────────────────────────────┘

 합격의 신 TIP

1. ㉠은 연결 어미를 사용하여 한 문장으로 완성한다.
2. 모든 문장이 '-(스)ㅂ니다'로 끝나고, ㉡은 '?'로 마무리되므로 답은 '-(스)ㅂ니까'로 쓴다.
3. ㉠과 ㉡에 해당하는 답을 각각 답란 안에 쓴다.

[51번 채점 기준] ㉠(5) + ㉡(5) = 10

※ 51번은 아래와 같은 내용을 평가한다.

내용 및 과제 수행의 적절성	적절한 어휘와 표현을 사용하여 문맥의 의미를 해치지 않도록 문장을 완성해야 한다.
언어 사용 문법과 문형	정확한 문법과 문형, 맞춤법을 사용해야 한다.

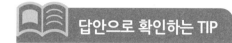

[1] 언어사용 감점

51	㉠	빌려(줬어요)
	㉡	돌려(드릴까요)

㉠ '-었/았어요'로 문장을 종결했습니다. 연결 어미 '-어/아서'를 써야 합니다.
㉡ '-었/았어요'를 사용했습니다. '-(스)ㅂ니까'로 써야 합니다.

51	㉠	(책을)빌려줘서
	㉡	(언제 책을)돌려주면 됩니까

㉠ '책을'은 지문에 이미 있습니다. 지문을 중복해서 쓰면 안 됩니다.
㉡ '언제 책을'은 지문에 이미 있습니다. 지문을 중복해서 쓰면 안 됩니다.

51	㉠	빌려(줬으니까)
	㉡	(돌려주면 됩니다)

㉠ '-었/았으니까'를 사용하면 문장이 어색합니다. '-어/아서'를 써야 합니다.
㉡ 지문이 '?'로 끝나기 때문에 '-(스)ㅂ니까'를 써서 의문문으로 만들어야 합니다.

51	㉠	빌려줘서(제가)
	㉡	돌려주면 (수미씨가)되겠습니까

㉠ '제가'를 쓰면 '고맙습니다'와 어울리지 않습니다. '제가'를 생략해야 자연스럽습니다.
㉡ '되겠습니까' 앞에 '수미 씨가'를 넣어 문장이 어색합니다. '수미 씨가'를 생략해야 합니다.

[2] 내용 감점

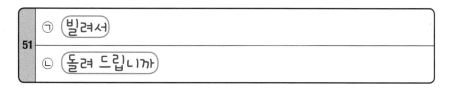

ㄱ '빌려서'는 의미가 맞지 않습니다.
ㄴ '돌려 드립니까'는 수미 씨에게 하는 말로 맞지 않습니다.

<table>
<tr><td rowspan="2">51</td><td>ㄱ</td><td>(사 줘서)</td></tr>
<tr><td>ㄴ</td><td>(돌려주시겠습니까)</td></tr>
</table>

ㄱ '사 줘서'는 의미가 맞지 않습니다.
ㄴ '돌려주시겠습니까'는 수미 씨가 책을 빌렸다는 말이므로 맞지 않습니다.

[3] 0점

<table>
<tr><td rowspan="2">51</td><td>ㄱ</td><td>빌려 줘서 / 빌려 주셔서</td></tr>
<tr><td>ㄴ</td><td>돌려주면 됩니까 / 돌려 드리면 됩니까</td></tr>
</table>

ㄱ 두 개의 답을 썼습니다. 각각의 답은 맞지만, 한 개의 답만 써야 합니다.
ㄴ 두 개의 문장을 썼습니다. 두 문장 모두 내용은 맞지만, 한 문장으로 써야 합니다.

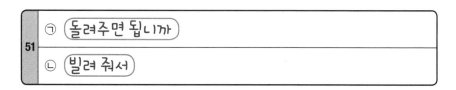

ㄱ, ㄴ의 답을 바꿔서 썼습니다. 정해진 답란에 ㄱ, ㄴ의 답을 순서대로 써야 합니다.

정답 P.116

※ [1~8] 다음을 읽고 ㉠과 ㉡에 들어갈 말을 각각 한 문장으로 쓰시오. (각 10점)

1
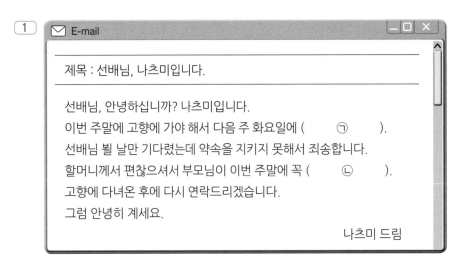

제목 : 선배님, 나츠미입니다.

선배님, 안녕하십니까? 나츠미입니다.
이번 주말에 고향에 가야 해서 다음 주 화요일에 (㉠   ).
선배님 뵐 날만 기다렸는데 약속을 지키지 못해서 죄송합니다.
할머니께서 편찮으셔서 부모님이 이번 주말에 꼭 (㉡   ).
고향에 다녀온 후에 다시 연락드리겠습니다.
그럼 안녕히 계세요.

나츠미 드림

| 51 | ㉠ | |
| | ㉡ | |

2

선생님, 안녕하십니까? 나츠미입니다.
제가 감기에 걸려서 오늘 (㉠   ).
결석을 하고 싶지 않았는데 많이 아파서 병원
에 가려고 합니다.
오늘 수업이 끝난 후에 (㉡   )?
몸이 좋아지면 꼭 숙제를 하도록 하겠습니다.
그럼 연락 기다리겠습니다.

나츠미 드림

| 51 | ㉠ | |
| | ㉡ | |

3

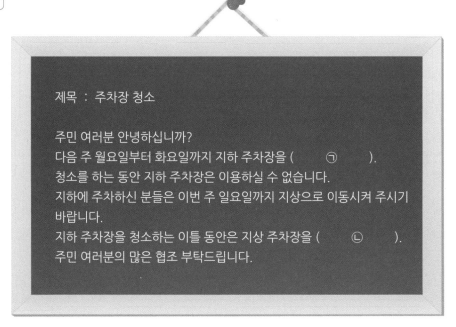

제목 : 주차장 청소

주민 여러분 안녕하십니까?
다음 주 월요일부터 화요일까지 지하 주차장을 (㉠   ).
청소를 하는 동안 지하 주차장은 이용하실 수 없습니다.
지하에 주차하신 분들은 이번 주 일요일까지 지상으로 이동시켜 주시기
바랍니다.
지하 주차장을 청소하는 이틀 동안은 지상 주차장을 (㉡   ).
주민 여러분의 많은 협조 부탁드립니다.

51	㉠	
	㉡	

4

따뜻한 봄날 저희 두 사람이 결혼식을 하게 됐습니다.
아름다운 계절에 사랑하는 두 사람이 여러분 앞에서 새 인생을 (㉠   ).
따뜻한 마음으로 두 사람의 시작을 축복해 주시면 큰 힘이 되겠습니다.
바쁘시더라도 꼭 (㉡   ).

일시 : 5월 12일 토요일 2시
장소 : 행복웨딩홀

51	㉠	
	㉡	

[5]

여러분의 참여를 기다립니다

나눔 벼룩시장이 5월 15일 한강공원에서 열립니다.
나는 지금 쓰고 있지 않지만 다른 사람은 사용할 수 있는 물건이 있다면
나눔 벼룩시장에서 (㉠   )?
꼭 필요한 사람에게 싼 가격으로 판매하면서 나눔의 즐거움을 느껴 보세요.
나눔 벼룩시장에 참여하실 분들은 이름과 연락처,
파실 물건의 종류와 수량을 이메일로 (㉡   ).
감사합니다.

* E-mail: sharing@flea_market.com

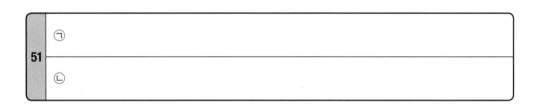

51	㉠	
	㉡	

[6]

___ □ ✕

한국대학교 게시판 🖱

제목: 언어교환 구함

안녕하세요. 저는 일본에서 온 교환학생인데 한국어를 배우고 싶습니다.
저에게 한국어를 가르쳐 주시면 제가 (㉠   ).
저는 지금 학교 기숙사에서 살고 있는데 자주 만나서 이야기하고 싶습니다.
그러니까 학교 근처에서 (㉡   ).
일본어에 관심이 있으신 분은 연락 주시기 바랍니다.
연락처: 나츠미 010-1234-5678

51	㉠	
	㉡	

7

〈 교환 안내 〉

고객님, 안녕하십니까?
저희 회사에서 지난달부터 판매한 전자레인지에 문제가 발견되어
새 제품으로 (㉠   ).
교환은 전국 모든 매장에서 가능하며
문의 사항이 있으시면 고객센터 02-1234-5678로 (㉡   ).
불편을 드려 죄송합니다.

- 한 국 전 자 -

51	㉠
	㉡

8

회 원 모 집

저희는 요리 동아리 '요리왕'입니다.
새 학기를 맞아 '요리왕'에서는 (㉠   ).
요리를 좋아하는 분이면 누구든지 환영합니다.
요리를 해 본 적이 없다고요? (㉡   ).
처음부터 요리를 잘 하는 사람은 없습니다. 걱정하지 말고 오세요.
관심이 있으신 분은 다음 주 금요일까지 학생회관
303호로 와서 신청해 주십시오.

51	㉠
	㉡

기출유형분석
+
연습문제

 유형 2

TOPIK II 쓰기 52번

유형 02 빈칸에 알맞은 문장 넣기

교훈적이거나 상식적인 내용의 글이 4~6문장으로 제시된다. 글을 읽고
(   )에 들어갈 내용이 무엇인지 파악하는 유형의 문제이다.▪ 따라서 앞
뒤 문장에 나오는 표현이나 접속사 등을 참고하여 답을 추측할 수 있어
야 한다.

▪지금까지 출제된 문제의 내용에서 (   )를 포함한 문장을 정리하였다. 부록 참조 p.139

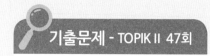
※ [51~52] 다음을 읽고 ㉠과 ㉡에 들어갈 말을 각각 한 문장으로 쓰시오. (각 10점)

세균을 없애는 방법에 대한 설명문

52

　　사람의 손에는 눈에 보이지 않는 세균이 많다. 그래서 병을 예방하기 위해서는 자주 (　　㉠　　). 그런데 전문가들은 손을 씻을 때 꼭 (　　㉡　　). 비누 없이 물로만 씻으면 손에 있는 세균을 제대로 없애기 어렵기 때문이다.

㉠ 병을 예방하기 위해서 손을 씻어야 한다는 당위 표현 사용

㉡ 비누로 손을 씻어야 한다는 당위 표현 사용, 간접화법 사용

| 52 | ㉠ |
| | ㉡ |

 합격의 신 문제 분석

47회 TOPIK Ⅱ에서는 세균을 없애는 방법에 대한 내용의 설명문이 출제되었다.

㉠의 경우, 앞 문장을 보고 병을 예방하기 위해 어떻게 해야 하는지에 대한 방법을 써야 한다는 것을 알 수 있다.

㉡의 경우, 앞의 '꼭'과 뒤 문장의 내용을 통해 비누로 손을 씻어야 한다는 내용이 들어가야 함을 알 수 있다. 또한 주어는 '전문가들은'이므로 문장은 간접화법을 사용해 마무리해야 한다.

모범 답안

52

> 사람의 손에는 눈에 보이지 않는 세균이 ^{*2}많다. 그래서 병을 예방하기 위해서는 자주 (㉠   ). 그런데 전문가들은 손을 씻을 때 꼭 (㉡   ). 비누 없이 물로만 씻으면 손에 있는 세균을 제대로 없애기 어렵기 때문이다.

^{*3}
주관식 답안은 정해진 ~~답란을 벗어나거나 답란을 바꿔서~~ 쓸 경우 점수를 받을 수 없습니다.
(Answers written outside the box or in the wrong box will not be graded.)

52	
	㉠ 손을 씻어야 한다
	㉡ 비누를 사용하라고 한다

합격의 신 TIP

1. 답은 한 문장으로 쓴다.
2. 문장의 종결이 '-(ㄴ/는)다'로 되어 있다. 따라서 답은 '-(ㄴ/는)다'로 쓴다.
3. ㉠과 ㉡에 해당하는 답을 각각 답란 안에 쓴다.

[52번 채점 기준] ㉠(5) + ㉡(5) = 10

※ 52번은 아래와 같은 내용을 평가한다.

내용 및 과제 수행의 적절성	적절한 어휘와 표현을 사용하여 문맥의 의미를 해치지 않도록 문장을 완성해야 한다.
언어 사용 문법과 문형	정확한 문법과 문형, 맞춤법을 사용해야 한다.

[1] 언어사용 감점

52	㉠ 손을 씻어야 해요.
	㉡ 비누를 사용하라고 해요.

㉠ '-해요'를 사용했습니다. '-(ㄴ/는)다'로 써야 합니다.
㉡ '-해요'를 사용했습니다. '-(으)라고 하다'로 써야 합니다.

52	㉠ 자주 손을 씻어야 한다
	㉡ 꼭 비누를 사용하라고 한다

㉠ '자주'는 지문에 이미 있습니다. 지문을 중복해서 쓰면 안 됩니다.
㉡ '꼭'은 지문에 이미 있습니다. 지문을 중복해서 쓰면 안 됩니다.

52	㉠ 손을 항상 씻어야 한다
	㉡ 비누를 반드시 사용하라고 한다

㉠ '항상'은 지문의 '자주'와 의미가 같습니다. 중복해서 쓰면 안 됩니다.
㉡ '반드시'는 지문의 '꼭'과 의미가 같습니다. 중복해서 쓰면 안 됩니다.

52	㉠ 손이 씻어야 한다
	㉡ 비누가 사용하라고 한다

㉠ 조사 '-이'는 '-을'로 고쳐야 합니다.
㉡ 조사 '-가'는 '-를'로 고쳐야 합니다.

[2] 내용 감점

⊙ 무엇을 씻는지 알 수 없습니다. '손을'을 꼭 써야 합니다.
ⓒ 무엇을 사용하라고 하는지 알 수 없습니다. '비누'를 꼭 써야 합니다.

<table>
<tr><td rowspan="2">52</td><td>⊙</td><td>손을 (씻는다)</td></tr>
<tr><td>ⓒ</td><td>비누를 (사용해야 한다)</td></tr>
</table>

⊙ '씻는다'는 당위 표현의 의미가 없습니다. '씻어야 한다'로 써야 합니다.
ⓒ '사용해야 한다'는 '전문가들은'과 호응이 되지 않습니다. 간접화법을 사용해야 합니다.

[3] 0점

<table>
<tr><td rowspan="2">52</td><td>⊙</td><td>손을 씻어야 한다 / 닦아야 한다</td></tr>
<tr><td>ⓒ</td><td>비누를 사용하라고 한다 / 쓰라고 한다</td></tr>
</table>

⊙ 한 개의 문장을 써야 합니다.
ⓒ 한 개의 문장을 써야 합니다.

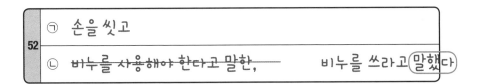

⊙ 문장이 완결되지 않았습니다.
ⓒ 답란 안에 다 쓰지 못하고 답란을 벗어났습니다.

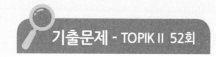
※ [51~52] 다음을 읽고 ㉠과 ㉡에 들어갈 말을 각각 한 문장으로 쓰시오. (각 10점)

감정과 표정의 관계에 대한 설명문

52

우리는 기분이 좋으면 밝은 표정을 짓는다. 그리고 기분이 좋지 않으면 표정이 어두워진다. 왜냐하면 (㉠). 그런데 이와 반대로 표정이 우리의 감정에 영향을 주기도 한다. 그래서 기분이 안 좋을 때 밝은 표정을 지으면 기분도 따라서 좋아진다. 그러므로 우울할 때일수록 (㉡) 것이 좋다.

㉠ 감정 → 표정
'왜냐하면 ~ -기 때문이다'

㉡ 표정 → 감정
우울할 때는 반대의 표정을 지어야 한다는 내용

52	㉠
	㉡

 합격의 신 문제 분석

52회 TOPIK II에서는 감정과 표정의 관계에 대한 내용의 설명문이 출제되었다.
㉠의 경우, 앞 문장을 통해 감정이 표정에 영향을 준다는 내용이 들어가야 한다는 것을 알 수 있다.
㉡의 경우, 바로 앞 문장을 보면 ㉠과 반대로 표정이 감정에 영향을 준다는 내용임을 알 수 있다.
따라서 우울할 때는 표정을 밝게 지어야 한다는 내용을 써야 한다.

모범 답안

※ [51~52] 다음을 읽고 ⊙과 ⓒ에 들어갈 말을 각각 (한 문장)으로 쓰시오. (각 10점)
*1

52

> 우리는 기분이 좋으면 밝은 표정을 <u>짓는다</u>. 그리고 기분
> *2
> 이 좋지 않으면 표정이 어두워진다. 왜냐하면 (　⊙　).
> 　그런데 이와 반대로 표정이 우리의 감정에 영향을 주
> 기도 <u>한다</u>. 그래서 기분이 안 좋을 때 밝은 표정을 지으
> 면 기분도 따라서 <u>좋아진다</u>. 그러므로 우울할 때일수록
> (　　ⓒ　　) 것이 <u>좋다</u>.

*3
주관식 답안은 정해진 답란을 벗어나거나 답란을 바꿔서 쓸 경우 점수를 받을 수 없습니다.
(Answers written outside the box or in the wrong box will not be graded.)

52	⊙ 감정이 표정에 영향을 주기 때문이다
	ⓒ 밝은 표정을 짓는

합격의 신 TIP

1. 답은 한 문장으로 쓴다.
2. 문장의 종결이 '-(ㄴ/는)다'로 되어 있다. 따라서 답은 '-(ㄴ/는)다'로 쓴다.
3. ⊙과 ⓒ에 해당하는 답을 각각 답란 안에 쓴다.

[52번 채점 기준] ⊙(5) + ⓒ(5) = 10

※ 52번은 아래와 같은 내용을 평가한다.

내용 및 과제 수행의 적절성	적절한 어휘와 표현을 사용하여 문맥의 의미를 해치지 않도록 문장을 완성해야 한다.
언어 사용 문법과 문형	정확한 문법과 문형, 맞춤법을 사용해야 한다.

[1] 언어사용 감점

52	㉠ 감정이 표정에 영향을 주기 때문 이에요
	㉡ 밝은 표정을 해요

㉠ '-어/아요'를 사용했습니다. '-(ㄴ/는)다'로 써야 합니다.
㉡ '-어/아요'를 써서 문장을 종결했습니다. '-는'을 사용해 문장을 연결해야 합니다.

52	㉠ 왜냐하면 감정이 표정에 영향을 주기 때문이다
	㉡ 기분이 안 좋을 때는 밝은 표정을 짓는

㉠ '왜냐하면'은 지문에 있습니다. 지문을 중복해서 쓰면 안 됩니다.
㉡ '기분이 안 좋을 때'는 지문에 있는 '우울할 때'와 의미가 중복됩니다.

52	㉠ 감정이 표정에 영향을 줬기 때문이다
	㉡ 표정을 밝게 지은

㉠ '-었/았기 때문이다' 과거형을 사용했습니다. '-기 때문이다'로 써야 합니다.
㉡ '-(으)ㄴ' 과거형을 써서 의미가 맞지 않습니다. '-는'으로 써야 합니다.

52	㉠ 감정이 표정 에게 영향을 주기 때문이다
	㉡ 표정 이 밝게 짓는

㉠ 조사 '-에게'를 '-에'로 고쳐야 합니다.
㉡ 조사 '-이'를 '-을'로 고쳐야 합니다.

[2] 내용 감점

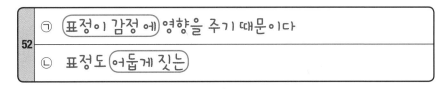

ㄱ '표정이 감정에'는 반대 의미입니다. '감정이 표정에'로 써야 합니다.
ㄴ 앞 문장과 내용이 반대됩니다. '표정을 밝게 짓는' 것으로 고쳐야 합니다.

52	ㄱ 감정이 표정에 영향을 (준다)
	ㄴ 밝은 (생각을)하는

ㄱ '왜냐하면'과 호응이 되는 '-기 때문이다'가 없습니다. '주기 때문이다'로 써야 합니다.
ㄴ 머릿속의 '생각'이 아니라 눈으로 볼 수 있는 '표정'으로 고쳐야 합니다.

[3] 0점

52	ㄱ 감정이 표정에 영향을 주기 때문이다 (/) 줘서 그렇다
	ㄴ 밝은 표정을 짓는 (/) 표정을 밝게 하는

ㄱ 한 개의 문장을 써야 합니다.
ㄴ 한 개의 문장을 써야 합니다.

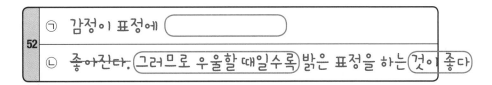

ㄱ 문장이 완결되지 않았습니다.
ㄴ 지문에 나와 있는 내용을 중복해서 썼고 답이 답란을 벗어났습니다.

정답 P.116

[과학/의학/생활정보]

※ [1~4] 다음을 읽고 ㉠과 ㉡에 들어갈 말을 각각 한 문장으로 쓰십시오. (각 10점)

1

보통 사람들은 샤워할 때 뜨거운 물을 사용한다. 그래서 샤워하는 동안은 체온이 뜨겁고 샤워가 끝난 후 밖으로 나오면 (㉠). 그런데 이러한 급격한 온도 차이는 감기에 걸리는 원인이 된다. 따라서 샤워할 때는 온도 차이가 크게 나지 않도록 뜨거운 물보다 (㉡).

52	㉠
	㉡

2

사람들은 감기에 걸리거나 머리가 아프면 약을 먹는다. 하지만 약을 먹는 것이 가장 좋은 방법은 아니다. 왜냐하면 약은 우리 몸의 면역력을 떨어뜨려 오히려 (㉠). 따라서 건강해지기 위해서는 약을 먹는 것보다 (㉡). 면역력을 키우려면 운동을 하거나 채소와 과일을 많이 섭취해야 한다.

52	㉠
	㉡

③

　　보통 사람들은 채소를 먹을 때 껍질을 깎아서 버린다. 하지만 고구마는 껍질에 영양이 더 많기 때문에 (　　　㉠　　　). 그렇지만 아무리 껍질을 먹으라고 말해도 사람들은 (　　㉡　　) 껍질을 먹는 것을 꺼려한다. 하지만 껍질에 묻은 불순물은 물에 깨끗이 씻으면 없어지므로 걱정할 필요는 없다.

52	㉠	
	㉡	

④

　　색깔이나 빛은 식욕과 관련이 있다. 식탁에 따뜻한 색의 조명을 설치하면 식욕을 돋우는 효과가 있다. 반대로 차가운 색의 조명을 비춘다면 (　　　㉠　　　). 따라서 다이어트를 하고자 하는 사람들은 식탁의 조명을 (　　　㉡　　　) 효과가 있을 것이다.

52	㉠	
	㉡	

※ [1~4] 다음을 읽고 ㉠과 ㉡에 들어갈 말을 각각 한 문장으로 쓰십시오. (각 10점)

1

'역사를 잊은 민족에게 미래는 없다'는 말이 있다. 이는 역사를 잊은 민족은 정체성이 흐려지기 때문에 그 민족에게는 미래가 (㉠). 여기서 역사를 잊은 민족이란 단순히 역사적 사실을 잊어버린 것이 아니라, 좋은 점을 계승하지 못하거나 부정적인 점을 그대로 되풀이하는 민족을 의미한다. 따라서 우리가 해야 할 일은 역사적 사실을 잊지 않고 잘된 점은 이어나가고 잘못된 점은 반복되어 (㉡).

| 52 | ㉠ | |
| | ㉡ | |

2

흔히 실패는 성공의 어머니라고 한다. 하지만 실패를 했더라도 최선을 다했다면 결코 (㉠). 왜냐하면 결과는 실패했을지라도 그 일을 하는 동안 열심히 노력했다면 그 과정에서 배운 것이 충분히 있기 때문이다. 모든 일은 결과보다 (㉡). 따라서 과정에서 즐거움을 느꼈다면 성공한 것과 같다.

| 52 | ㉠ | |
| | ㉡ | |

③

　직장 상사는 대개 윗사람이라는 이유로 신입사원에게 반말로 이야기한다거나 일방적인 지시만 내리는 경우가 많다. 그런 환경에서 일하는 신입사원은 쉽게 자신의 의견을 내기가 힘들다. 좋은 직장 상사라면 먼저 말하려고 하지 말고 (　　㉠　　) 말하는 것이 좋다. 그리고 신입사원에게 반말 대신 (　　㉡　　) 신입사원들이 자신도 존중받고 있다는 생각이 들어 직장 분위기가 좋아질 것이다.

52	㉠
	㉡

④

　자신의 물건을 버리지 못하고 집에 저장해 두는 사람들이 있다. 쓸모 있는 물건이라면 별문제가 없지만 불필요한 물건에 집착을 하는 경우라면 이는 치료가 필요한 장애로 볼 수 있다. 사람들에게 충분히 사랑을 받지 못한 사람들이 (　　㉠　　). 따라서 사람들과 관계가 좋아지면 물건에 집착하는 경우도 줄어들 수 있으므로 물건에 집착하는 사람은 주변의 가족이나 (　　㉡　　).

52	㉠
	㉡

기출유형분석
+
연습문제

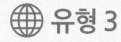 유형 3

TOPIK II 쓰기 | 53번

유형 03 도표를 분석해서 글쓰기

제시된 도표를 보고 설명하는 문제로 우선 주제를 파악하고 내용을 분석해야 한다. 최근에는 두 개의 그래프를 보고 비교하는 문제나 조사 결과와 현황을 분석하는 문제가 출제되고 있다.■ 도표에 나와 있는 모든 정보를 활용하여 격식에 맞게 글을 구성하는 것이 중요하다.

■ 지금까지 출제된 도표의 제목을 정리하였다. 부록 참조 p.142

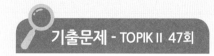

※ [53] 다음을 참고하여 '국내 외국인 유학생 현황'에 대한 글을 200~300자로 쓰시오.
　　 단, 글의 제목을 쓰지 마시오. (30점)

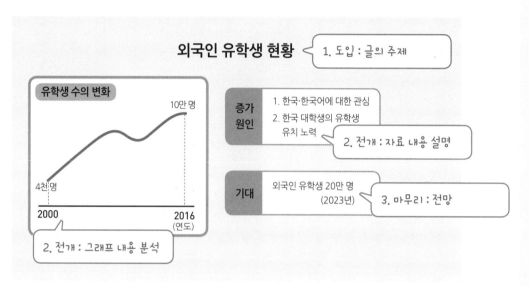

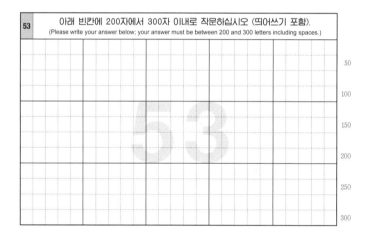

53	아래 빈칸에 200자에서 300자 이내로 작문하십시오 (띄어쓰기 포함).
	(Please write your answer below; your answer must be between 200 and 300 letters including spaces.)

 합격의 신 문제 분석

47회 TOPIK II에서는 국내 외국인 유학생 현황에 대한 그래프와 자료를 분석하는 문제가 나왔다.
우선 외국인 유학생 현황에 대한 글임을 밝히고 외국인 유학생의 수가 2000년에서 2016년 사이에
급격히 증가했다는 사실을 수치로 설명해야 한다. 그리고 제시된 증가 원인 두 가지를 모두 쓴 후
앞으로 2023년까지 기대되는 외국인 유학생 수를 언급하며 글을 마무리해야 한다.

모범 답안

| 53 | 아래 빈칸에 200자에서 300자 이내로 작문하십시오 (띄어쓰기 포함).
(Please write your answer below; your answer must be between 200 and 300 letters including spaces.) |

최	근		국	내	에	서		유	학	하	는		외	국	인		유	학	생	이		급	증	← 1. 도입
했	다	.		20	00	년	에		4	천		명	이	던		유	학	생	이		급	격	히		상
승	세	를		보	이	다		잠	시		주	춤	하	더	니		다	시		증	가	세	를
보	이	며		20	16	년	에		이	르	러		10	만		명	이		되	었	다	.
이	러	한		증	가	의		원	인	으	로		우	선		외	국	인	들	이		한	국	← 2. 전개
과		한	국	어	에		대	한		관	심	이		증	가	한		것	을		들		수
있	다	.		한	국		대	학	에	서		유	학	생	을		유	치	하	려	는		노	력	도
유	학	생	의		증	가	에		큰		영	향	을		미	친		것	으	로		보	인	다	.
이	러	한		영	향	이		계	속		이	어	진	다	면		20	23	년	에	는		외	← 3. 마무리
국	인		유	학	생	이		20	만		명	에		이	를		것	으	로		기	대	된	다	.

합격의 신 TIP

1. 글의 제목은 쓰지 말고 200자 이상 300자 이내로 쓴다.
2. 글의 주제가 명확히 드러나야 한다.
3. 제시된 그래프와 자료를 모두 분석해야 한다.
4. 그래프에 제시된 수치를 써야 한다.

[53번 채점 기준] 내용 및 과제 수행(7) + 전개 구조(7) + 언어 사용(16) = 30

※ 53번은 아래와 같은 내용을 평가한다.

내용 및 과제 수행	제시된 과제를 주제에 맞게 풍부하고 다양하게 표현해야 한다.
전개 구조	논리 전개에 도움이 되는 표현을 적절히 사용하여 글의 구성을 명확히 해야 한다.
언어 사용	정확하고 다양한 문법과 어휘를 사용하고 문어적 격식에 맞게 써야 한다.

[1] 제시되지 않은 자료 사용 + 개인적 경험 서술

53	아래 빈칸에 200자에서 300자 이내로 작문하십시오 (띄어쓰기 포함). (Please write your answer below; your answer must be between 200 and 300 letters including spaces.)

한	국	에		유	학	을		오	는		외	국	인		학	생	은		19	90	년	대	에
는		별	로		없	었	다	. ❶	하	지	만		20	00	년	대	에		들	어	서		해	마
다		만		명	씩		늘	어	났	고	❷	20	16	년	에		10	만		명	이		되	었
다	.		나	도		20	16	년	에		유	학	을		왔	는	데		처	음	에	는		한	국
생	활	에		적	응	하	기		힘	들	었	다	.		그	런	데		우	리		고	향	에	서
한	국	으	로		유	학	을		오	는		학	생	들	이		많	아	지	면	서		더
이	상		외	롭	지		않	다	. ❸	게	다	가		20	23	년	이		되	면		유	학	생
들	이		더		많	아	질		것	으	로		보	인	다	.		또	한		앞	으	로		한
국	으	로		유	학	을		오	는		유	학	생	들	의		국	적	도		다	양	해	질
것	으	로		기	대	되	므	로		각		대	학	들	이		국	적	별	로		생	활
안	내	문	을		준	비	해		둬	야		할		필	요	가		있	다	. ❹

1. 자료에 나와 있지 않습니다.

2. 제시된 그래프로는 알 수 없습니다.

3. 개인적인 경험을 썼습니다.

4. 자료를 통해 알 수 있는 사실이 아니고 근거가 없는 추측을 서술했습니다.

TIP 제시되지 않은 자료를 사용하거나 잘못된 수치를 쓰면 감점된다. 따라서 제시된 자료에 나온 인원이나 퍼센트 등을 정확히 옮기는 것이 중요하다. 또한 자신의 개인적 경험은 자료를 분석하는 글에 어울리지 않으므로 서술해서는 안 된다.

[2] 구어체 사용 + '도입-전개-마무리' 구성 순서를 지키지 않음 감점!

53	아래 빈칸에 200자에서 300자 이내로 작문하십시오 (띄어쓰기 포함). (Please write your answer below; your answer must be between 200 and 300 letters including spaces.)

외	국	인		유	학	생	이		점	점		늘	어	나	는		이	유	는		한	국	과
한	국	어	에		대	한		관	심	이		많	아	지	고		있	기		때	문	이	에	요	. ❶

그리고 한국의 대학에서 유학생을 유치하려고 노력하기 때문에 이렇게 증가하고 있는 것 같아요.❶

그래서 2000년에는 4천 명에 불과했던 외국인 유학생이 2016년에 10만 명이나 ❷됐습니다.❸ 2000년부터 2016년 사이에 유학생이 증가하지 않은 해도 있었습니다.❸ 그런데 2023년에는 외국인 유학생이 20만 명으로 기대됩니다.❸

(150 · 200 · 250 · 300)

1. '-어/아요'를 사용했습니다.

2. 전개에 들어가야 할 '증가원인'을 도입에 썼습니다.

3. '-(스)ㅂ니다'를 사용했습니다.

TIP 문어적 격식에 맞게 '-(ㄴ/는)다, -었/았다, -(으)ㄹ 것이다'로 문장을 마쳐야 한다. 제시된 자료의 제목과 그래프, 표 등을 살펴보고 '도입-전개-마무리' 구성에 들어가야 할 내용을 순서대로 서술하는 것이 중요하다.

[3] 0점

53	아래 빈칸에 200자에서 300자 이내로 작문하십시오 (띄어쓰기 포함). (Please write your answer below; your answer must be between 200 and 300 letters including spaces.)

국내 거주 외국인의 수는 해마다 증가하고 있다. 일 때문에 오는 사람도 있고 유학을 오는 사람도 있지만 가장 많은 수를 차지하는 것은 결혼으로 인한 이주 여성이다. 2000년대 들어 급증하고 있는 결혼 이주 여성은 보통 대도시보다는 지방의 중소도시에 거주하고 있는데 이들을 위한 복지 제도가 부족한 것이 현실이다. 특히 한국어를 잘 모르는 상태로 한국에 온 결혼 이주 여성들은 한국 생활에 적응도 못하고 아이를 낳아 기르는 데도 어려움을 겪고 있어서 정부의 대책이 필요하다.

'국내 외국인 유학생 현황'이라는 글의 주제와 관련 없는 내용입니다.

TIP 주제와 관련이 없는 내용이다.

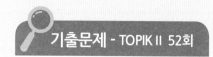
1. 도입 : 글의 주제

※ [53] 다음을 참고하여 '아이를 꼭 낳아야 하는가'에 대한 글을 200∼300자로 쓰시오.
단, 글의 제목을 쓰지 마시오. (30점)

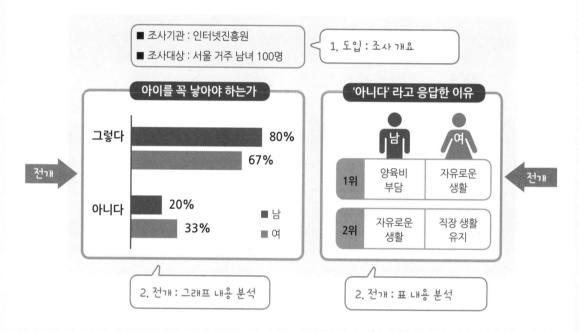

■ 조사기관 : 인터넷진흥원
■ 조사대상 : 서울 거주 남녀 100명

1. 도입 : 조사 개요

아이를 꼭 낳아야 하는가

	남	여
그렇다	80%	67%
아니다	20%	33%

'아니다' 라고 응답한 이유

	남	여
1위	양육비 부담	자유로운 생활
2위	자유로운 생활	직장 생활 유지

전개

2. 전개 : 그래프 내용 분석

2. 전개 : 표 내용 분석

합격의 신 문제 분석

52회 TOPIK Ⅱ에서는 성인 남녀를 대상으로 '아이를 꼭 낳아야 하는가'에 대해 조사한 결과를 분석하는 문제가 나왔다.

우선 글의 주제와 조사 개요에 대해 쓴 후에 '그렇다'와 '아니다'로 대답한 남녀 비율을 써야 한다. 그리고 '아니다'로 대답한 남녀의 1, 2위 이유를 서술하며 그 내용이 각각 다르다는 사실을 설명해야 한다. 앞으로의 전망이나 기대에 대한 그래프, 표가 없기 때문에 따로 마무리하는 표현은 쓰지 않아도 괜찮다.

모범 답안

53	아래 빈칸에 200자에서 300자 이내로 작문하십시오 (띄어쓰기 포함).
	(Please write your answer below; your answer must be between 200 and 300 letters including spaces.)

결혼문화연구소에서 20대 이상 성인 남녀 100명을 대상으로 '아이를 꼭 낳아야 하는가'에 대해 조사하였다. 그 결과 '그렇다'라고 응답한 남자는 80%, 여자는 67%였고, '아니다'라고 응답한 남자는 20%, 여자는 33%였다. 이들이 '아니다'라고 응답한 이유에 대해 남자는 양육비가 부담스러워서, 여자는 자유로운 생활을 원해서라고 응답한 경우가 가장 많았다. 이어 남자는 자유로운 생활을 원해서, 여자는 직장 생활을 유지하고 싶어서라고 응답하였다.

1. 도입
2. 전개
3. 마무리

합격의 신 TIP

1. 글의 제목은 쓰지 말고 200자 이상 300자 이내로 쓴다.
2. 글의 주제가 명확히 드러나야 한다.
3. 제시된 그래프와 자료를 모두 분석해야 한다.
4. 그래프에 제시된 수치를 써야 한다.

[53번 채점 기준] 내용 및 과제 수행(7) + 전개 구조(7) + 언어 사용(16) = 30

※ 53번은 아래와 같은 내용을 평가한다.

내용 및 과제 수행	제시된 과제를 주제에 맞게 풍부하고 다양하게 표현해야 한다.
전개 구조	논리 전개에 도움이 되는 표현을 적절히 사용하여 글의 구성을 명확히 해야 한다.
언어 사용	정확하고 다양한 문법과 어휘를 사용하고 문어적 격식에 맞게 써야 한다.

답안으로 확인하는 TIP

[1] 수치 쓰지 않음 + 개인적 경험 서술

| 53 | 아래 빈칸에 200자에서 300자 이내로 작문하십시오 (띄어쓰기 포함).
(Please write your answer below; your answer must be between 200 and 300 letters including spaces.) |

결	혼	문	화	연	구	소	가		성	인	남	녀		3	천		명	을		대	상	으	로
'	아	이	를		꼭		낳	아	야		하	는	가	'	에		대	한		설	문	조	사	를
실	시	하	였	다	.		그	렇	다	고		대	답	한		남	성	은		80	%	이	고		여
성	은		67	%	로		나	타	났	다	.		한	편		아	이	를		꼭		낳	아	야
한	다	는		질	문	에		아	니	다	라	고		대	답	한		사	람	은		남	성	보
다		여	성	이		많	았	다	.	❶	그		이	유	에		대	해		남	자	는		양	육
비	가		부	담	스	럽	다	는		응	답	이		가	장		많	았	고		다	음	으	로
자	유	로	운		생	활	을		원	한	다	는		이	유	가		그		뒤	를		이	었
다	.	반	면		여	자	는		자	유	로	운		생	활	을		원	해	서	라	는		응
답	이		가	장		많	았	으	며		그		다	음	으	로		직	장		생	활	을
유	지	하	고		싶	어	서	라	고		응	답	하	였	다	.								
	저	도		자	유	로	운		생	활	을		원	하	니	까		아	이	를		꼭		낳
아	야		한	다	고		생	각	하	지		않	습	니	다	.	❷							

1. 수치를 사용하지 않았습니다. 아니다라고 응답한 남자와 여자의 수치를 써야 합니다.

2. 자신의 생각을 썼습니다. 그래프를 보고 알 수 있는 내용만 써야 합니다.

TIP 수치를 쓰지 않으면 감점된다. 따라서 제시된 자료에 나온 순위나 퍼센트를 정확히 옮기는 것이 중요하다. 또한 자신의 개인적 생각은 자료를 분석하는 글에 어울리지 않으므로 서술하지 않아야 한다.

[2] 구어체 사용 + '도입-전개-마무리' 구성 순서를 지키지 않음 감점!

53	아래 빈칸에 200자에서 300자 이내로 작문하십시오 (띄어쓰기 포함).
	(Please write your answer below; your answer must be between 200 and 300 letters including spaces.)

아이를 꼭 낳아야 한다고 대답한 남성은 80%이고 여성은 67%예요. '아니다'라고 응답한 남성은 20%, 여자는 33%로 나타났어요.❶ 그 이유에 대해 남자는 양육비가 부담스럽다는 응답이 가장 많았고 다음으로 자유로운 생활을 원한다는 이유가 그 뒤를 이었어요.❶ 반면 여자는 자유로운 생활을 원해서라는 응답이 가장 많았으며 그 다음으로 직장 생활을 유지하고 싶어서라고 응답하였습니다.❶ 이것은 결혼문화연구소가 성인남녀 3천 명을 대상으로 '아이를 꼭 낳아야 하는가'에 대한 설문조사를 실시한 결과입니다.❷

> 1. '-어/아요', '-습니다'를 사용했습니다.

> 2. 도입에 들어가야 할 부분입니다. 설문 기관, 설문 대상, 설문 제목은 도입에 써야 합니다.

TiP 문어적 격식에 맞게 '-(ㄴ/는)다, -었/았다, -(으)ㄹ 것이다'로 문장을 마쳐야 한다. 제시된 자료의 제목과 그래프, 표 등을 살펴보고 '도입-전개-마무리' 구성에 들어가야 할 내용을 순서대로 서술하는 것이 중요하다.

[3] 0점

53	아래 빈칸에 200자에서 300자 이내로 작문하십시오 (띄어쓰기 포함).
	(Please write your answer below; your answer must be between 200 and 300 letters including spaces.)

나는 결혼을 빨리 하고 싶다. 하지만 결혼을 하려면 대학교를 졸업해야 하고 좋은 회사에 취직도 해야 한다. 그래서 나는 한국어를 빨리 공부하고 싶다. 한국어를 잘 해서 대학교에 입학하고 고향에 돌아가서 회사에 다니려고 한다.

> '아이를 꼭 낳아야 하는가'라는 글의 주제와 관련 없는 내용입니다.

TiP 주제와 관련 없는 내용이다.

[비교 · 대조]

※ [53] 다음을 참고하여 'SNS 이용률'에 대한 글을 200~300자로 쓰시오. 단, 글의 제목은
쓰지 마시오. (30점)

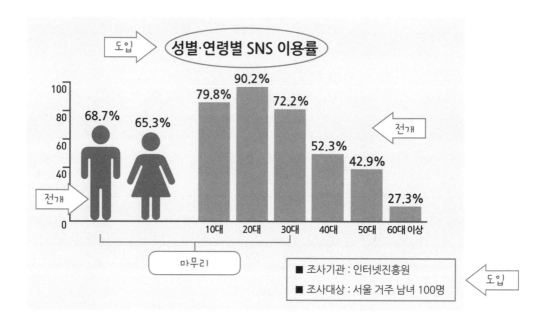

도입	조사기관과 조사대상, 주제를 서술해야 한다. 예 인터넷진흥원에서 서울에 거주하는 남녀 100명을 대상으로 SNS 이용률에 대하여 조사하였다.
전개	제시된 자료에서 성별, 연령별 공통점과 차이점을 분석한다. 예 조사결과 남성은 68.7%로 나타났고 여성은 65.3%로 나타나 크게 차이가 없다는 것을 알 수 있다. 예 연령별 SNS 이용률을 살펴보면 20대 90.2%, 10대 79.8%, 30대 72.2%, 40대 52.3%, 50대 42.9% 순이었다. 예 연령별 조사결과에 의하면 20대는 90.2%로 가장 높은 이용률을 보였고 10대가 79.8%로 그 뒤를 이었다. 그 다음으로 30대는 72.2% 이용률을 보였다.
마무리	성별 이용률에는 큰 차이가 없고 연령별 이용률에서 차이가 난다는 사실을 서술한다. 예 이 조사를 통해서 SNS을 이용하는 남녀의 비율은 비슷했지만 연령별 비율은 차이를 보이고 있다는 사실을 확인할 수 있다. 특히 20대의 경우 대부분이 SNS를 이용하고 있는 것과 달리 50대의 경우에 이용률이 절반도 되지 않아 세대 간 큰 차이가 있음을 알 수 있다.

[원고지 작성 예시]

53 **아래 빈칸에 200자에서 300자 이내로 작문하십시오 (띄어쓰기 포함).**
(Please write your answer below; your answer must be between 200 and 300 letters including spaces.)

　　인터넷진흥원에서　서울에　거주하는　남녀　100명을　대상으로　SNS　이용률에　대해　조사했다.　조사 (50)
결과에　따르면　남성은　69.7%로　나타났고　여성은　65.3%로　나타났다.　연령별　조사　결과에　의 (100)
하면　20대는　90.2%로　가장　높은　이용률을　보였고　다음으로　10대가　79.8%,　30대가　72.2%　이용률을　보였다.　이　조사를　통해　SNS를　이용하는 (150, 200)
남녀의　비율은　비슷하지만　연령별　비율은　차이가　있다는　사실을　확인할　수　있다.　특히　20대의　경우　대부분이　SNS를　이용하고　있는　것과　달리 (250)
50대의　경우에는　이용률이　절반도　되지　않아　세대　간　큰　차이가　있음을　알　수　있다. (300)

※ [1] 다음은 '20대 남녀 고용률'에 대해 조사한 결과이다. 그래프를 보고, 조사 결과를 비교하여 200~300자로 쓰시오. 단, 글의 제목은 쓰지 마시오. (30점)

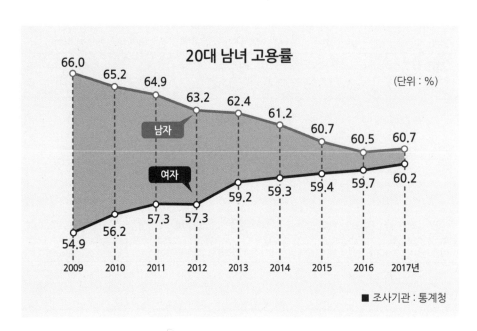

53	아래 빈칸에 200자에서 300자 이내로 작문하십시오 (띄어쓰기 포함).
	(Please write your answer below; your answer must be between 200 and 300 letters including spaces.)

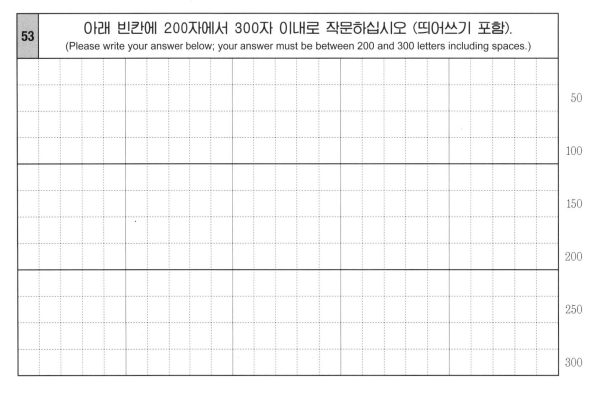

※ [2] 다음은 '성인과 학생의 독서 현황'에 대한 조사 결과이다. 그래프를 보고, 조사 결과를 비교하여 200~300자로 쓰시오. 단, 글의 제목은 쓰지 마시오. (30점)

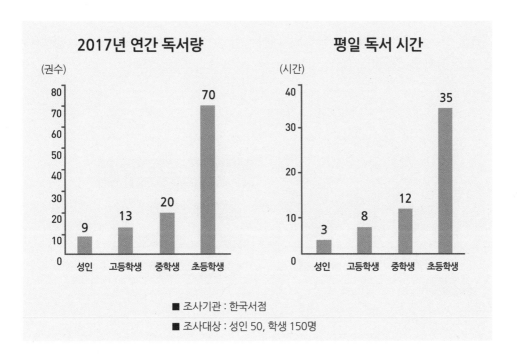

| 53 | 아래 빈칸에 200자에서 300자 이내로 작문하십시오 (띄어쓰기 포함).
(Please write your answer below; your answer must be between 200 and 300 letters including spaces.) |

[현황과 원인]

※ [53] 다음을 참고하여 '온라인쇼핑 동향'에 대한 글을 200~300자로 쓰시오. 단, 글의 제목
    은 쓰지 마시오. (30점)

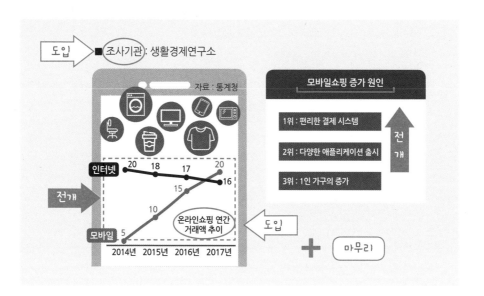

도입	조사기관과 주제가 들어가야 한다. 예 생활경제연구소에서 2014년부터 2017년까지의 온라인쇼핑 동향에 대한 조사를 실시했다. 예 위의 그래프는 생활경제연구소에서 조사한 온라인쇼핑의 변화와 원인을 나타낸 것이다.
전개	제시된 자료를 모두 사용해야 한다. 우선 인터넷쇼핑과 모바일쇼핑의 증감 상황에 대해서 쓰고 모바일쇼핑이 증가한 원인에 대해 서술해야 한다. 예 조사결과 인터넷쇼핑 거래액은 2014년에 비해서 2017년에 감소하였고 모바일쇼핑 거래액은 증가하였다. 예 모바일쇼핑이 증가한 원인으로는 결제의 편리함, 다양한 애플리케이션 출시, 1인 가구의 증가를 들 수 있다.
마무리	앞으로 인터넷쇼핑과 모바일쇼핑 거래 변화에 대한 전망으로 마무리하는 것이 좋다. 예 앞으로 인터넷쇼핑 거래는 점차 줄어들고 모바일쇼핑 거래는 더욱 늘어날 것으로 전망된다.

[원고지 작성 예시]

53	아래 빈칸에 200자에서 300자 이내로 작문하십시오 (띄어쓰기 포함).
	(Please write your answer below; your answer must be between 200 and 300 letters including spaces.)

위의 그래프는 생활경제연구소에서 조사한 2014년부터 2017년까지 온라인쇼핑의 변화와 원인을 나타낸 것이다. 조사 결과 인터넷쇼핑 거래액은 2014년에 비해서 2017년에 감소하였고 모바일쇼핑 거래액은 점점 증가한 것으로 나타났다. 모바일쇼핑이 증가한 원인으로는 결제의 편리함, 다양한 애플리케이션 출시, 그리고 1인 가구의 증가를 들 수 있다. 앞으로 인터넷쇼핑 거래는 점차 줄어들고 모바일쇼핑 거래는 더욱 늘어날 것으로 전망된다.

정답 P.118

※ [1] 다음을 참고하여 '청소년 학업 중단의 현황'에 대한 글을 200~300자로 쓰시오. 단, 글의 제목은 쓰지 마시오. (30점)

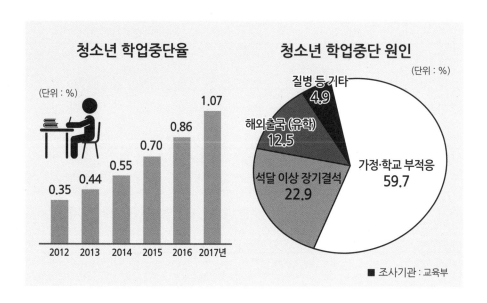

53	아래 빈칸에 200자에서 300자 이내로 작문하십시오 (띄어쓰기 포함). (Please write your answer below; your answer must be between 200 and 300 letters including spaces.)

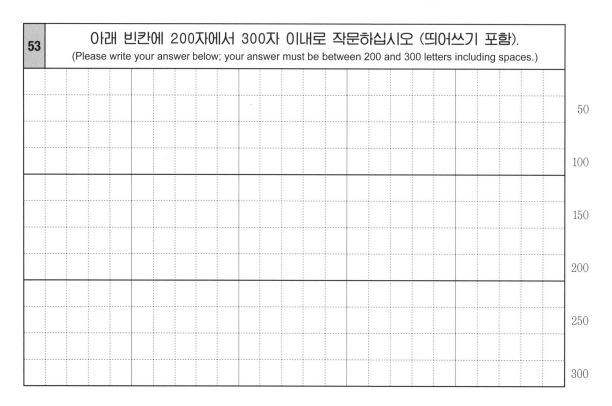

※ [2] 다음을 참고하여 '한반도 연평균 기온 변화'에 대한 글을 200~300자로 쓰시오. 단, 글의 제목을 쓰지 마시오. (30점)

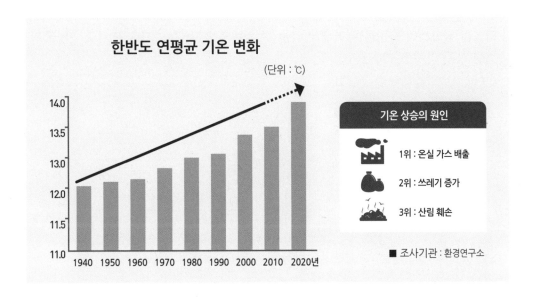

53	아래 빈칸에 200자에서 300자 이내로 작문하십시오 (띄어쓰기 포함).
	(Please write your answer below; your answer must be between 200 and 300 letters including spaces.)

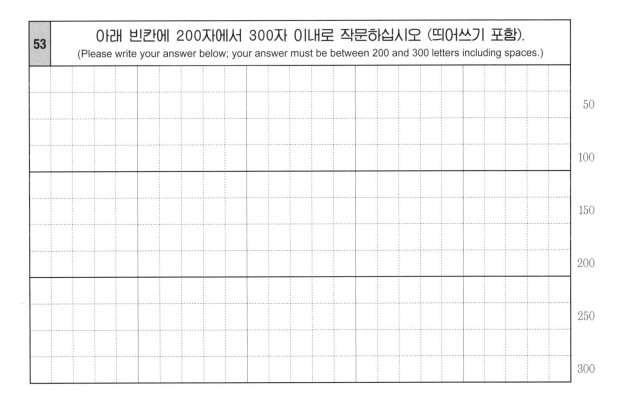

[분류의 글]

※ [53] 다음을 참고하여 출판물을 어떻게 나눌 수 있는지 200~300자로 쓰시오. 단, 글의 제목을 쓰지 마시오. (30점)

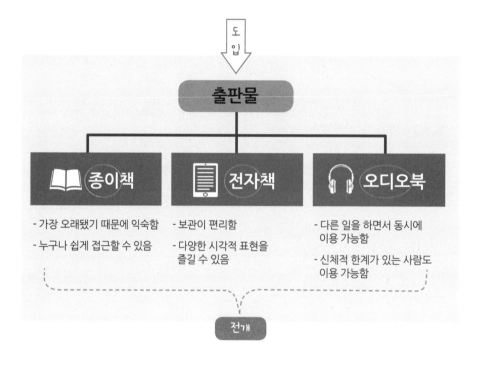

도입	출판물을 종이책, 전자책, 오디오북으로 분류한 기준이 무엇인지 명확히 해야 한다.
	예 출판물은 형태에 따라 종이책, 전자책, 오디오북 세 가지로 분류할 수 있다. 출판물의 형태마다 특징이 다른데 이는 다음과 같다.
전개	제시된 자료의 특징을 순서대로 서술한다.
	예 첫째, 종이책은 가장 오래된 형태이기 때문에 익숙하다는 특징이 있다. 게다가 누구나 쉽게 접근할 수 있다는 장점도 있다. 둘째(다음으로), 전자책은 공간을 차지하지 않기 때문에 보관이 편리하며 다양한 시각적 표현도 함께 즐길 수 있다. 셋째(마지막으로), 오디오북은 다른 일을 하면서 동시에 이용할 수 있을 뿐만 아니라 신체적 한계가 있는 노인이나 장애인 등도 이용할 수 있다는 장점이 있다.
마무리	분류하는 글의 특성상 마무리 부분은 서술하지 않아도 되며 간단하게 정리를 해도 된다.
	예 이처럼 출판물은 형태에 따라 세 가지로 나뉠 수 있으며 각각의 특징이 다르다.

[원고지 작성 예시]

| 53 | 아래 빈칸에 200자에서 300자 이내로 작문하십시오 (띄어쓰기 포함).
(Please write your answer below; your answer must be between 200 and 300 letters including spaces.) |

	출	판	물	은		형	태	에		따	라		종	이	책	,	전	자	책	,	오	디	오	북	
세		가	지	로		분	류	할		수		있	다	.	출	판	물	의		형	태	마	다		50
특	징	이		다	른	데		이	는		다	음	과		같	다	.	첫	째		종	이	책	은	
가	장		오	래	된		형	태	이	기		때	문	에		익	숙	하	다	는		특	징	이	100
있	다	.	또	한		누	구	나		쉽	게		접	근	할		수		있	다	는		장	점	
도		있	다	.	둘	째	,	전	자	책	은		공	간	을		적	게		차	지	해	서	150
보	관	이		편	리	하	며		다	양	한		시	각	적		표	현	도		즐	길		수	
있	다	.	셋	째	,	오	디	오	북	은		다	른		일	을		하	면	서		동	시	에	200
이	용	할		수		있	고		신	체	적		한	계	가		있	는		노	인	이	나	
장	애	인		등	도		이	용	할		수		있	다	는		장	점	이		있	다	.	이	250
처	럼		출	판	물	은		형	태	에		따	라		세		가	지	로		나	뉠		수	
있	으	며		각	각	의		특	징	이		다	르	다	.										300

연습문제 정답 P.119

※ [1] 다음을 참고하여 언론매체의 종류를 어떻게 나눌 수 있는지 200~300자로 쓰시오. 단, 글의 제목을 쓰지 마시오. (30점)

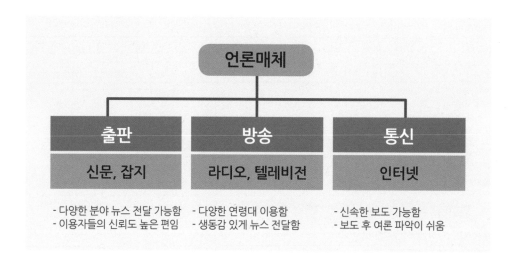

언론매체		
출판	**방송**	**통신**
신문, 잡지	라디오, 텔레비전	인터넷
- 다양한 분야 뉴스 전달 가능함 - 이용자들의 신뢰도 높은 편임	- 다양한 연령대 이용함 - 생동감 있게 뉴스 전달함	- 신속한 보도 가능함 - 보도 후 여론 파악이 쉬움

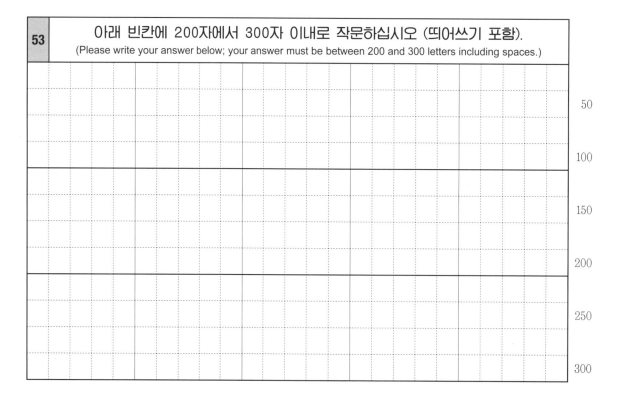

53	아래 빈칸에 200자에서 300자 이내로 작문하십시오 (띄어쓰기 포함).
	(Please write your answer below; your answer must be between 200 and 300 letters including spaces.)

※ [2] 다음을 참고하여 채소를 어떻게 나눌 수 있는지 200~300자로 쓰시오. 단, 글의 제목을 쓰지
　　마시오. (30점)

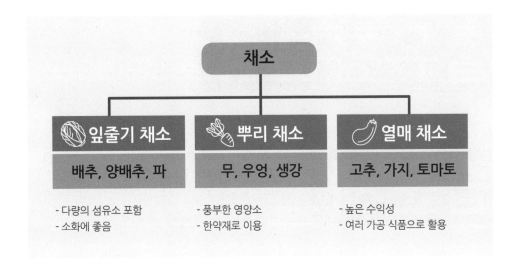

53	아래 빈칸에 200자에서 300자 이내로 작문하십시오 (띄어쓰기 포함). (Please write your answer below; your answer must be between 200 and 300 letters including spaces.)

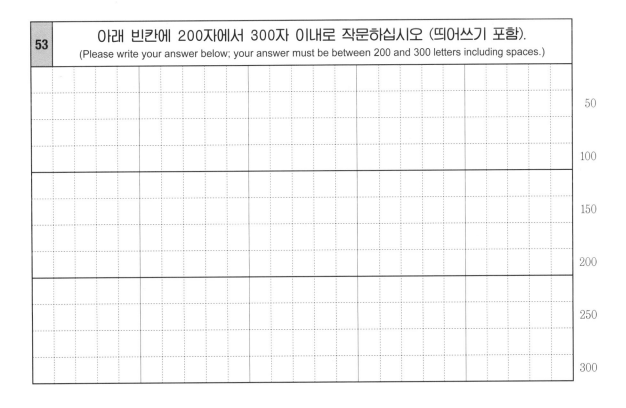

기출유형분석
+
연습문제

 유형 4

TOPIK II 쓰기 54번

유형 04 주제에 맞게 자신의 생각 쓰기

제시된 주제와 과제에 대한 자신의 생각을 '서론-본론-결론'에 맞게 논리적으로 서술해야 한다. 지금까지 찬성과 반대 의견으로 나뉠 수 있는 사회적 문제나 '경제적 여유가 행복에 미치는 영향', '동기가 일에 미치는 영향', '현대 사회에서 필요한 인재'등과 같이 추상적인 주제가 주로 출제되었다.▪ 따라서 평소에 사회 문제나 현상을 주의 깊게 살펴보고 이에 대한 자신의 생각을 정리해 보는 연습이 필요하다.

▪지금까지 출제된 글의 주제를 정리하였다. 부록 참조 p.143

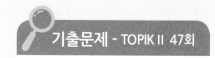

※ [54] 다음을 주제로 하여 자신의 생각을 600~700자로 글을 쓰시오. 단, 문제를 그대로 옮겨 쓰지 마시오. (50점)

> '칭찬은 고래도 춤추게 한다'는 말처럼 칭찬에는 강한 힘이 있습니다. 그러나 칭찬이 항상 긍정적인 영향을 주는 것은 아닙니다. 아래의 내용을 중심으로 칭찬에 대한 자신의 생각을 쓰십시오.
>
> - 칭찬이 미치는 긍정적인 영향은 무엇입니까? …… 1. 서론
> - 부정적인 영향은 무엇입니까? …… 2. 본론
> - 효과적인 칭찬의 방법은 무엇입니까? …… 3. 결론

 합격의 신 문제분석

47회 TOPIK II에서는 칭찬에 대한 생각을 묻는 문제가 출제되었다.
제시된 세 가지 과제 내용이 모두 포함되어야 한다. 칭찬의 긍정적인 영향과 부정적인 영향을 먼저 비교한 후에 효과적인 칭찬의 방법을 구체적으로 서술해야 한다.

 합격의 신 TIP

1. 제목을 쓰거나 문제를 똑같이 옮기지 말고 600자 이상 700자 이내로 쓴다.
2. 글의 주제와 관련된 내용으로 구성해야 한다.
3. 제시된 과제를 단락을 나누어 구성하고 모두 비슷한 분량으로 수행해야 한다.
4. 문제는 '-(스)ㅂ니다, -(스)ㅂ니까'로 제시되었지만 답은 '-(ㄴ/는)다'로 쓴다.

[54번 채점 기준] 내용 및 과제 수행(12) + 전개 구조(12) + 언어 사용(26) = 50

※ 54번은 아래와 같은 내용을 평가한다.

내용 및 과제 수행	제시된 과제를 주제에 맞게 풍부하고 다양하게 표현해야 한다.
전개 구조	논리 전개에 도움이 되는 표현을 적절히 사용하여 글의 구성을 명확히 해야 한다.
언어 사용	정확하고 다양한 문법과 어휘를 사용하고 문어적 격식에 맞게 써야 한다.

모범 답안

	주 관 식 답 란 (Answer sheet for composition)
54	아래 빈칸에 600자에서 700자 이내로 작문하십시오 (띄어쓰기 포함). (Please write your answer below; your answer must be between 600 and 700 letters including spaces.)

	우	리	는		칭	찬	을		들	으	면		일	을		더		잘	하	고		싶	어	질	
뿐	만		아	니	라		좀		더		나	은		사	람	이		되	고		싶	은		마	50
음	이		든	다	.		그	리	고		자	신	감	이		생	겨		공	부	나		일	의	
성	과	에	도		긍	정	적	인		영	향	을		미	친	다	.		그	래	서		자	신	이	100
가	진		능	력		이	상	을		발	휘	하	고		싶	어	지	는		도	전		정	신	
이		생	기	기	도		하	는		것	이	다	.		한		마	디	로		말	해		칭	찬	150
은		사	람	을		한		단	계		더		발	전	시	키	는		힘	을		가	지	고	
있	다	.																							200

1. 서론: 칭찬의 긍정적인 면

	그	런	데		이	러	한		칭	찬	이		독	이		되	는		경	우	가		있	다	.
바	로		칭	찬	이		상	대	에	게		기	쁨	을		주	는		것	이		아	니	라	250
부	담	을		안	겨		주	는		경	우	이	다	.		칭	찬	을		들	으	면		그	
기	대	에		부	응	해	야		한	다	는		압	박	감		때	문	에		자	신	의	300
실	력	을		제	대	로		발	휘	하	지		못	하	게		되	는		일	이		생	기	
게		된	다	.		칭	찬	의		또		다	른		부	정	적	인		면	은		칭	찬	350
받	고		싶	다	는		생	각	에		결	과	만	을		중	시	하	게		되	는		점	
이	다	.		일	반	적	으	로		칭	찬	이		일	의		과	정	보	다		결	과	에	400
중	점	을		두	고		행	해	지	는		경	우	가		많	기		때	문	이	다	.		

2. 본론: 칭찬이 지나칠 경우 생기는 부정적인 면

	그	래	서		우	리	가		상	대	를		칭	찬	할		때	에	는		그		사	람
이		해	낸		일	의		결	과	가		아	닌	,		그		일	을		해	내	기	까	지	450
의		과	정	과		노	력	에		초	점	을		맞	추	는		것	이		중	요	하	다	.	
그	래	야		칭	찬	을		듣	는		사	람	도		일		그		자	체	를		즐	길	500
수		있	다	.		또	한		칭	찬	을		듣	고		잘		해	내	야		한	다	는	
부	담	에	서	도		벗	어	날		수		있	을		것	이	다	.		우	리	는		보	통	550
칭	찬	을		많	이		해		주	는		것	이		중	요	하	다	고		생	각	하	는	
데		칭	찬	은		그		방	법		역	시		중	요	하	다	는		것	을		잊	지	600
말	아	야		할		것	이	다	.																650
																								700

3. 결론: 부정적인 영향을 줄이고 긍정적인 영향을 극대화시킬 수 있는 방안 제시

[1] 개인적 경험 위주의 서술 + 구어체 사용

54	주 관 식 답 란 (Answer sheet for composition)
	아래 빈칸에 600자에서 700자 이내로 작문하십시오 (띄어쓰기 포함). (Please write your answer below; your answer must be between 600 and 700 letters including spaces.)

	나	는		어	릴		때	부	터		부	모	님	이	나		선	생	님	으	로	부	터
칭	찬		받	기	를		좋	아	했	어	요	.		그	래	서		매	일		부	모	님	보	다
일	찍		일	어	나		학	교	에		갈		준	비	를		하	고		학	교	에		가
서	는		무	슨		일	이	든	지		나	서	서		하	곤		했	어	요	.		그	럼
선	생	님	은		내	가		얼	마	나		착	하	고		부	지	런	한		학	생	인	지
친	구	들		앞	에	서		이	야	기	해		주	셨	어	요	.		그	렇	게		칭	찬	을
들	은		날	에	는		기	분	이		좋	아	져	서		어	떤		힘	든		일	도
다		이	겨	낼		수		있	을		것		같	았	어	요	.
	대	학	교	를		졸	업	하	고		회	사	에		들	어	간		후	에	도		상	사
와		동	료	들	에	게		칭	찬		받	기	를		기	대	하	며		항	상		궂	은
일	도		나	서	서		맡	았	어	요	.		하	지	만		사	회	생	활	은		달	랐	어
요	.		가	끔		칭	찬	을		듣	기	도		했	지	만		혼	자		주	목	받	으	려
고		무	리	하	는		것		아	니	냐	는		핀	잔	을		듣	는		날	이		많
았	어	요	.
	그	러	니	까		칭	찬	은		나	이	에		맞	게		해	야		효	과	적	인
것	이	라	고		생	각	해	요	.		어	릴		때	에	는		무	조	건		칭	찬	을
해		줘	야		그		아	이	에	게		긍	정	적	인		영	향	을		줄		수
있	어	요	.		칭	찬	을		받	으	면		학	습		동	기	도		부	여	되	고		바
른		생	활		습	관	을		기	를		수	도		있	기		때	문	이	에	요	.		하
지	만		위	에	서		제	가		말	한		바	와		같	이		사	회	생	활	을
할		때	에	는		남	들	의		눈	치	를		보	면	서		적	당	히		행	동	해
야		해	요	.		너	무	나		혼	자	만		칭	찬	을		받	으	면		주	변
사	람	들	이		내		진	심	을		알	아	주	기	는		커	녕		오	해	하	고		나
쁜		말	을		할	지	도		모	르	거	든	요	.		이	상		저	의		경	험	을
통	해		칭	찬	의		효	과	적	인		방	법	을		알	아	봤	어	요	.

개인적인 경험 위주로 서술하여 글이 논리적으로 구성되지 못했습니다.

전체적으로 구어체인 '-어/아요'를 사용했습니다.

Tip 개인적인 경험을 쓰면 안 되고, 문장의 종결은 '-(ㄴ/는)다'로 쓴다.

[2] 문제를 옮겨 씀 + 제시된 과제를 모두 수행하지 않음 감점!

54	주 관 식 답 란 (Answer sheet for composition)
	아래 빈칸에 600자에서 700자 이내로 작문하십시오 (띄어쓰기 포함). (Please write your answer below; your answer must be between 600 and 700 letters including spaces.)

　'칭찬은 고래도 춤추게 한다'는 말처럼 칭찬에는 강한 힘이 있다. 그러나 칭찬이 항상 긍정적인 영향을 주는 것은 아니다.

　칭찬을 들은 사람은 자신에 대한 믿음이 생겨 다음에 맡은 일도 더 잘하고 싶은 의욕이 생긴다. 남들이 자기 자신에게 갖는 기대가 동기부여가 되는 것이다. 한 실험을 예로 들어보겠다. 어떤 연구에서 두 화분을 두고 한 화분에는 긍정적인 칭찬의 말을 하고 다른 화분에는 부정적인 비난의 말을 하며 물을 줬다고 한다. 그 결과 칭찬의 말을 들은 화분이 훨씬 건강하게 자랐다는 것이다. 이처럼 칭찬은 다른 사람을 더욱 발전시킬 수 있는 강한 힘이 있다.

　물론 지나친 칭찬은 부정적인 영향을 주기도 할 것이다. 무조건적인 칭찬만 받으며 자란 아이들은 자신의 행동에 무슨 문제가 있는지도 모른 채로 어른이 된다. 그렇게 칭찬에만 익숙해진 채로 어른이 되면 여러 문제들을 겪을 수 있다. 특히 자신이 하는 모든 행동이 옳다고 생각하고 주변 사람들을 불편하게 만드는 경우가 많다. 어른도 마찬가지로 칭찬만 듣다 보면 다음에 자신이 잘못해서 사람들이 실망하면 어쩌나 하는 걱정에 부담감만 늘어난다. 이렇게 이유 없이 무조건적으로 칭찬을 해 주는 것은 아이에게나 성인에게나 부정적인 영향을 미친다.

(여백 메모)

- 제시된 문제를 그대로 옮겨 썼습니다.
- 첫 번째 과제인 칭찬의 긍정적인 영향에 대한 내용입니다.
- 두 번째 과제인 칭찬의 부정적인 영향에 대한 내용입니다.
- 첫 번째, 두 번째 과제만 수행하고 세 번째 과제인 '효과적인 칭찬의 방법'에 대한 내용이 빠져 있습니다.

Tip 문제를 그대로 옮겨 쓰면 안 되고, 제시된 과제를 순서대로 모두 써야 한다.

[3] 600~700자 분량을 지키지 않음 감점!

	우	리	는		보	통		칭	찬	을		많	이		해	주	는		것	이		중	요	하
다	고		생	각	하	는	데		칭	찬	은		그		방	법		역	시		중	요	하	다
는		것	을		잊	지		말	아	야		할		것	이	다	.							

700

> 700자 분량을 넘겼습니다.

TiP 정해진 글자 수 '600~700자'를 꼭 지켜야 한다.

[4] 제목을 쓰거나 줄을 비워 둠 감점!

54			주 관 식 답 란 (Answer sheet for composition)																				
			아래 빈칸에 600자에서 700자 이내로 작문하십시오 (띄어쓰기 포함). (Please write your answer below; your answer must be between 600 and 700 letters including spaces.)																				
			〈	칭	찬	에		대	한		나	의		생	각	〉							
	사	람	들	은		누	군	가	에	게		칭	찬	을		듣	고		나	면		기	분	이
좋	아	지	고		자	신	감	이		생	긴	다	.		자	신	감	이		생	기	면		그
사	람	이		맡	은		일	을		잘		해	내	고		싶	은		마	음	이		든	다

> 제목을 쓰고 한 줄을 비워 두었습니다.

100

TiP 제목을 쓰거나 답안지 한 줄 전체를 비워 둔 것은 글자 수에서 제외된다.

[5] 단락을 구성하지 않음 감점!

54	주 관 식 답 란 (Answer sheet for composition)
	아래 빈칸에 600자에서 700자 이내로 작문하십시오 (띄어쓰기 포함).
	(Please write your answer below; your answer must be between 600 and 700 letters including spaces.)

	사	람	들	은		누	군	가	에	게		칭	찬	을		듣	고		나	면		기	분	이
좋	아	지	고		자	신	감	이		생	긴	다	.	자	신	감	이		생	겨	서		자	신
이		맡	은		일	을		잘		해	내	기		위	해		노	력	을		하	다	보
면		당	연	히		결	과	물	도		좋	을		수	밖	에		없	다	.	이	렇	게
사	람	들	이		가	지	고		있	는		능	력	을		발	휘	할		수		있	도	록
도	와	주	는		것	이		칭	찬	의		긍	정	적	인		영	향	이	다	✔ 그	런	데
칭	찬	은		긍	정	적	인		면	만		있	을	까	?	모	든		일	에	는		일	장
일	단	이		있	듯	이		칭	찬	도		부	정	적	인		영	향	을		미	칠		때
가		있	다	.	어	떤		사	람	의		결	과	물	에		지	적	할		부	분	이
있	어	도		칭	찬	의		긍	정	적	인		영	향	만		믿	고		지	적		대	신
칭	찬	을		할		경	우	에		그		사	람	은		자	신	의		진	짜		실	력
을		알	지		못	하	고		자	만	할		수		있	다	.	그	런		일	이		반
복	되	다		보	면		사	람	들	은		진	심	으	로		칭	찬	하	는		것	이
아	니	라		기	계	적	으	로		칭	찬	하	는		흉	내	만		내	게		될		것
이	다	.	또	한		칭	찬	을		기	대	하	고		일	을		하	다	가		보	면
부	담	감	이		늘	고		스	트	레	스	를		받	아		제		실	력	을		드	러
내	기	가		어	려	운		경	우	도		생	긴	다	. ✔ 그	렇	기		때	문	에		우
리	는		효	과	적	으	로		칭	찬	할		때	에	는		몇		가	지		사	항	을
주	의	해	야		한	다	.	우	선		칭	찬	하	기		전	에		그		사	람	이
진	짜		칭	찬	받	을		자	격	이		있	는	지		객	관	적	으	로		따	져	보
는		것	이	다	.	또	한		칭	찬	을		받	는		사	람	이		어	떤		부	분
에	서		자	신	이		칭	찬	받	을		일	을		했	는	지		구	체	적	으	로
알	려	주	는		것	이		중	요	하	다	.	그	래	야	만		상	대	방	도		자	신
의		장	점	에		대	해		정	확	히		파	악	할		수		있	기		때	문	이
다	.																						

Handwritten notes (right margin):
- 세 과제를 모두 수행했지만 단락을 나누어 구성하지 않았습니다. 단락으로 과제를 구분하는 것이 중요합니다.
- ✔ 여기서 단락을 구분합니다.

Tip '서론-본론-결론'의 세 단락을 구성해야 한다.

54	주 관 식 답 란 (Answer sheet for composition)
	아래 빈칸에 600자에서 700자 이내로 작문하십시오 (띄어쓰기 포함). (Please write your answer below; your answer must be between 600 and 700 letters including spaces.)

보통 혼자 일을 하는 것보다 여러 명이 함께 일하는 것이 더 효율적이라고 한다. 이는 혼자 일할 때는 보이지 않는 실수 등을 다른 사람들이 잡아줄 수 있기 때문일 것이다. 또한 혼자 (100) 일할 때는 경험하지 못할 동료애도 느낄 수 있어서 많은 사람들이 혼자 일하는 사람들을 보 (150) 면 안타까워한다. 그래서 사회생활을 할 때는 특히 선후배 관계가 매우 중요하다. (200)

> '칭찬'과는 전혀 관련이 없는 내용을 썼습니다.

선배님, 안녕하십니까? 부탁드릴 일이 있어 메일을 씁니다. 제가 인터넷으로 카메라를 주문했습니다. 그런데 카메라가 이번 주 금요일에 배달이 (300) 된다고 합니다. 제가 그날 고향에 가야 해서 카메라를 직접 받을 수 없을 것 같습니다. 저 대 (350) 신에 카메라를 받아 주십시오.

> 51, 52, 53번 문제를 그대로 썼습니다.

사람의 손에는 눈에 보이지 않는 세균이 많다. 그래서 병을 예방하기 위해서는 손을 씻어야 한 (400) 다. 그런데 전문가들은 비누 없이 물로만 씻으면 손에 있는 세균을 제대로 없애기 어렵다고 한다 (450) 국내 외국인 유학생은 해마다 증가하고 있다. 잠깐 감소한 해도 있었지만 대체로 증가 추세이 (500) 다. 한국어에 대한 관심과 한국 대학의 유학생 유치 노력이 있었기 때문이다. 그래서 2000년에 (550) 4천 명이었던 유학생이 2016년에는 10만 명이 되었다. 2023년에는 외국인 유학생이 20만 명이 (600) 넘을 것으로 예상된다.

TiP 주제와 관련이 없는 내용을 쓰고 51, 52, 53번 문제를 그대로 옮겨 썼다.

[원고지에 연습해 보기]

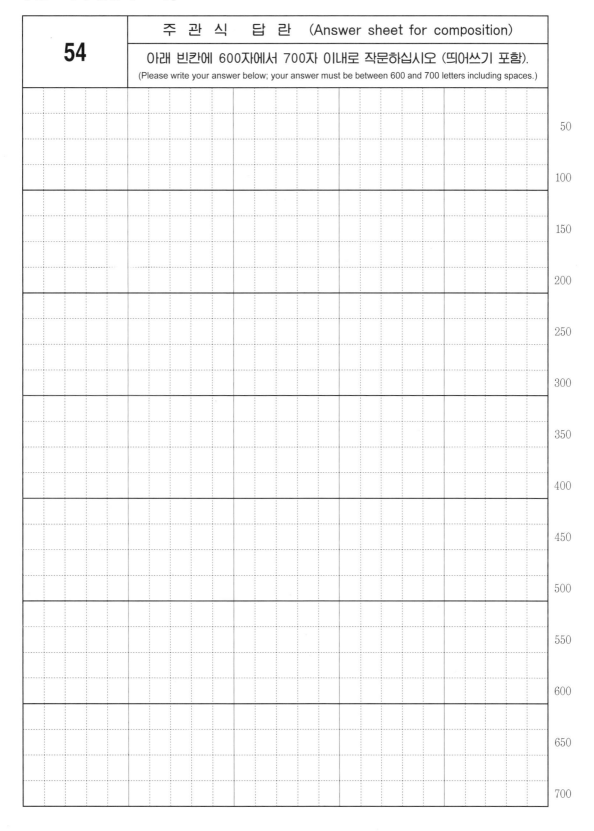

※ [54] 다음을 주제로 하여 자신의 생각을 600~700자로 글을 쓰시오. 단, 문제를 그대로 옮겨 쓰지 마시오. (50점)

> 우리는 살면서 서로의 생각이 달라 갈등을 겪는 경우가 많다. 이러한 갈등은 의사소통이 부족해서 생기는 경우가 대부분이다. 의사소통은 서로의 관계를 유지하고 발전시키는 데 중요한 요인이 된다. '<u>의사소통의 중요성과 방법</u>'에 대해 아래의 내용을 중심으로 자신의 생각을 쓰라. 주제

- 의사소통은 왜 중요한가? ……… 1. 서론
- 의사소통이 잘 이루어지지 않는 이유는 무엇인가? ……… 2. 본론
- 의사소통을 원활하게 하는 방법은 무엇인가? ……… 3. 결론

 합격의 신 문제분석

52회 TOPIK Ⅱ에서는 의사소통의 중요성과 방법에 대한 자신의 생각을 쓰는 문제가 출제되었다. 제시된 세 가지 과제를 순서대로 모두 서술해야 한다. 우선 의사소통이 중요한 이유를 설명하고 의사소통이 부족해서 생기는 갈등, 의사소통의 방법 등을 구체적인 예를 들어 써야 한다.

 합격의 신 TIP

1. 제목을 쓰거나 문제를 똑같이 옮기지 말고 600자 이상 700자 이내로 쓴다.
2. 글의 주제와 관련된 내용으로 구성해야 한다.
3. 제시된 과제를 단락을 나누어 구성하고 모두 비슷한 분량으로 수행해야 한다.
4. '-(ㄴ/는)다'로 쓴다.

[54번 채점 기준] 내용 및 과제 수행(12) + 전개 구조(12) + 언어 사용(26) = 50
※ 54번은 아래와 같은 내용을 평가한다.

내용 및 과제 수행	제시된 과제를 주제에 맞게 풍부하고 다양하게 표현해야 한다.
전개 구조	논리 전개에 도움이 되는 표현을 적절히 사용하여 글의 구성을 명확히 해야 한다.
언어 사용	정확하고 다양한 문법과 어휘를 사용하고 문어적 격식에 맞게 써야 한다.

모범 답안

54	주 관 식 답 란 (Answer sheet for composition)
	아래 빈칸에 600자에서 700자 이내로 작문하십시오 (띄어쓰기 포함). (Please write your answer below; your answer must be between 600 and 700 letters including spaces.)

어떤 일을 다른 사람들과 함께 계획하고 추진하기 위해서는 그 사람들과의 원활한 인간관계가 필요하다. 다만 인간관계를 원활하게 하는 데에는 많은 대화가 요구되며, 이 과정에서 의사소통 능력이 중요한 역할을 한다. 일반적으로 의사소통은 타인과의 소통의 시작이어서 의사소통이 제대로 이루어지지 않는 경우 오해가 생기고 불신이 생기며 경우에 따라서는 분쟁으로까지 이어질 수 있게 된다.

그런데 이러한 의사소통이 항상 원활히 이루어지는 것은 아니다. 사람들은 서로 다른 생활환경과 경험을 가지고 있고, 이는 사고방식의 차이로 이어지게 된다. 이러한 차이들이 의사소통을 어렵게 함과 동시에 새로운 갈등을 야기하기도 한다.

따라서 원활한 의사소통을 위한 적극적인 노력이 필요하다. 우선 상대를 배려하는 입장에서 말을 하는 자세가 필요하다. 나의 말이 상대를 불편하게 만드는 것은 아닌지 항상 생각하며 이야기하여야 한다. 다음으로 다른 사람의 말을 잘 듣는 자세가 필요하다. 마음을 열고 다른 사람의 이야기를 듣는 것은 상대를 이해하는 데 꼭 필요하기 때문이다. 마지막으로 서로의 입장에서 현상을 바라보는 자세가 필요하다. 이는 서로가 가질 수 있는 편견과 오해를 해결할 수 있는 역할을 하기 때문이다.

1. 서론: 의사소통이 중요한 이유

2. 본론: 의사소통이 부족해서 생기는 갈등과 그 이유

3. 결론: 갈등 없이 의사소통을 할 수 있는 방법

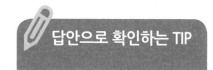 답안으로 확인하는 TIP

[1] 개인적 경험 위주의 서술 + 구어체 사용 감점!

54	주 관 식 답 란 (Answer sheet for composition)
	아래 빈칸에 600자에서 700자 이내로 작문하십시오 (띄어쓰기 포함). (Please write your answer below; your answer must be between 600 and 700 letters including spaces.)

	저	는		한	국	에		온		지		6	개	월	이		되	었	어	요 .		처	음
한	국	에		왔	을		때	는		인	사	조	차		제	대	로		하	지		못	했	기

> 개인적인 경험 위주로만 서술하였습니다.

(표의 나머지 내용)

때	문	에		한	국		사	람	들	을		만	나	서		이	야	기	하	는		것	이
너	무		두	려	웠	어	요 .		하	지	만		이	제	는		한	국	어		실	력	이	100
많	이		늘	어	서		한	국		사	람	들	과	도		어	렵	지		않	게		대	화
할		수		있	어	요 .																	150
	그	런	데		아	직	도		공	공	기	관	이	나		병	원	에		가	서		이	야
기	할		때	는		긴	장	이		돼	요 .		왜	냐	하	면		내	야		할		서	류	200
에		대	한		안	내	를		들	을		때	나		아	픈		곳	을		의	사	에	게
설	명	해	야		할		때		정	확	하	게		이	해	하	고		표	현	했	는	지	250
알		수		없	기		때	문	이	에	요 .												
	이	처	럼		외	국	어		실	력	이		부	족	하	면		의	사	소	통	이		안	300
되	고		오	해	가		쌓	여		더		안		좋	은		일	이		생	길		수	도
있	어	요 .		또		같	은		나	라		친	구	들	과		이	야	기	할		때		의	350
사	소	통	이		안		될		수	도		있	어	요 .		저	는		친	한		친	구	가
한		명		있	는	데		그		친	구	와		크	게		싸	운		적	이		있	어	400
요 .		그		친	구	의		말		한		마	디		때	문	에		너	무		화	가
났	어	요 .		그		친	구	는		아	무	렇	지		않	게		한		말	이	지	만	450
저	는		그		친	구	의		말	을		듣	고		너	무		서	운	했	어	요 .		나
중	에		친	구	에	게		이	야	기	하	니	까		그		친	구	는		저	에	게	500
네	가		오	해	한		거	라	고		말	했	어	요 .		결	국		오	해	는		풀	렸
지	만		친	한		친	구	와	도		소	통	이		안		된	다	는		것	을		알	550
았	어	요 .																				
	그	래	서		앞	으	로	는		친	한		친	구	랑		이	야	기	할		때	도	600

> 전체적으로 구어체인 '-어/아요'를 사용했습니다.

솔	직	히		이	야	기	하	는		것	이		좋	겠	다	고		생	각	해	요 .		이	렇
게		하	면		의	사	소	통	을		원	활	하	게		할		수		있	을		거	예	650
요 .																						
																						700

TIP 개인적인 경험을 쓰면 안 되고, 문장의 종결은 '-(ㄴ/는)다'로 쓴다.

[2] 문제를 옮겨 씀 + 제시된 과제를 모두 수행하지 않음 감점!

54	주 관 식 답 란 (Answer sheet for composition)
	아래 빈칸에 600자에서 700자 이내로 작문하십시오 (띄어쓰기 포함).
	(Please write your answer below; your answer must be between 600 and 700 letters including spaces.)

우리는 살면서 서로의 생각이 달라 갈등을 겪
는 경우가 많다. 이러한 갈등은 의사소통이 부족
해서 생기는 경우가 대부분이다. 의사소통은 서로
의 관계를 유지하고 발전시키는 데 중요한 요인
이 된다. '의사소통의 중요성과 방법'에 대해
아래의 내용을 중심으로 자신의 생각을 쓰라.

　 그래서 의사소통을 잘 하기 위해서는 다음과
같은 세 가지 노력이 필요합니다. 첫 번째, 다른
사람의 입장에서 생각해 봐야 합니다. 내가 만약
상대방의 입장이라면 어떻게 행동하고 말했을까
생각해 보면 오해가 생길 가능성이 줄어들기 때
문입니다. 두 번째, 다른 사람의 말을 잘 들으려
는 노력을 해야 합니다. 내가 하려는 말은 줄이
고 다른 사람이 하는 말에 귀 기울인다면 상대
방을 더 잘 이해할 수 있습니다. 세 번째, 자기
자신의 입장을 설명할 때는 예의를 갖춰 말해야
합니다. 너무 어렵게 말하지 말고 솔직하고 쉽게
이야기하면 상대방도 잘 이해할 수 있을 것입니
다.

　 그러니까 사람들은 항상 자기 생각만 맞다고
생각하는 것이 문제이다. 다른 사람의 입장은 생
각하지 않고 일단은 내 생각, 내 상황이 제일
급하고 중요한 것이다. 또한 상대방이 하는 이야
기를 제대로 듣지도 않고 이해하려는 노력도 하
지 않는 사람들이 많기 때문에 오해가 생기고
갈등이 깊어지는 경우가 많다.

(세로 오른쪽 글자 수 표시)
50, 100, 150, 200, 250, 300, 350, 400, 450, 500, 550, 600, 650, 700

(오른쪽 말풍선)
- 제시된 문제를 그대로 옮겨 썼습니다.
- 첫 번째 과제인 '의사소통이 중요한 이유'에 대한 내용이 없습니다.
- 세 번째 과제인 '의사소통의 방법'에 대한 내용입니다. '-습니다'를 사용했습니다.
- 두 번째 과제인 '의사소통이 이루어지지 않는 이유'에 대한 내용입니다.

TiP 문제를 그대로 옮겨 쓰면 안 되고, 제시된 과제를 순서대로 모두 써야 한다.

[3] 600~700자 분량을 지키지 않음 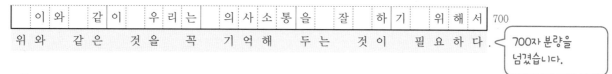 감점!

이	와		같	이		우	리	는		의	사	소	통	을		잘		하	기		위	해	서	700
위	와		같	은		것	을		꼭		기	억	해		두	는		것	이		필	요	하	다 .

> 700자 분량을 넘겼습니다.

Tip 정해진 글자 수 '600~700자'를 꼭 지켜야 한다.

[4] 제목을 쓰거나 줄을 비워 둠 감점!

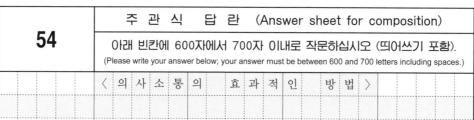

54	주 관 식 답 란 (Answer sheet for composition)
	아래 빈칸에 600자에서 700자 이내로 작문하십시오 (띄어쓰기 포함). (Please write your answer below; your answer must be between 600 and 700 letters including spaces.)

		〈	의	사	소	통	의		효	과	적	인		방	법	〉			
사	람	이		살	아	가	는	데		의	사	소	통	은		필	수	불	가	결	한		것
이	다 .		왜	냐	하	면		사	람	은		혼	자		살		수		없	기		때	문	100

> 제목을 쓰고 한 줄을 비워 두었습니다.

Tip 제목을 쓰거나 답안지 한 줄 전체를 비워 둔 것은 글자 수에서 제외된다.

[5] 단락을 구성하지 않음 감점!

54	주 관 식 답 란 (Answer sheet for composition)
	아래 빈칸에 600자에서 700자 이내로 작문하십시오 (띄어쓰기 포함). (Please write your answer below; your answer must be between 600 and 700 letters including spaces.)

어떤 일을 다른 사람들과 함께 계획하고 추진하기 위해서는 그 사람들과의 원활한 인간관계가 필요하다. 다만 인간관계를 원활하게 하는 데에는 많은 대화가 요구되며, 이 과정에서의 의사소통 능력이 중요한 역할을 한다. 일반적으로 의사소통은 타인과의 소통의 시작이어서 의사소통이 제대로 이루어지지 않는 경우 오해가 생기고 불신이 생기며 경우에 따라서는 분쟁으로까지 이어질 수 있게 된다 ✓그런데 이러한 의사소통이 항상 원활히 이루어지는 것은 아니다. 사람들은 서로 다른 생활환경과 경험을 가지고 있고, 이는 사고방식의 차이로 이어지게 된다. 이러한 차이들이 의사소통을 어렵게 함과 동시에 새로운 갈등을 야기하기도 한다. ✓따라서 원활한 의사소통을 위한 적극적인 노력이 필요하다. 우선 상대를 배려하는 입장에서 말을 하는 자세가 필요하다. 나의 말이 상대를 불편하게 만드는 것은 아닌지 항상 생각하며 이야기하여야 한다. 다음으로 다른 사람의 말을 잘 듣는 자세가 필요하다. 마음을 열고 다른 사람의 이야기를 듣는 것은 상대를 이해하는 데 꼭 필요하기 때문이다. 마지막으로 서로의 입장에서 현상을 바라보는 자세가 필요하다. 이는 서로가 가질 수 있는 편견과 오해를 해결할 수 있는 역할을 하기 때문이다.

> 세 과제를 모두 수행했지만 단락을 나누어 구성하지 않았습니다. 단락으로 과제를 구분하는 것이 중요합니다.

> ✓여기서 단락을 구분합니다.

TIP '서론-본론-결론'의 세 단락을 구성해야 한다.

[6] 0점: 주제와 관련이 없음 + 51, 52, 53번 문제를 옮겨 씀

54	주 관 식 답 란 (Answer sheet for composition)
	아래 빈칸에 600자에서 700자 이내로 작문하십시오 (띄어쓰기 포함).
	(Please write your answer below; your answer must be between 600 and 700 letters including spaces.)

> 51, 52, 53번 문제를 그대로 썼습니다.

사람은 혼자서는 살아갈 수 없는 사회적인 동물이다. 그런데 요즘 젊은 사람들 중에는 새로운 사람을 사귀거나 단체 생활을 싫어하는 경우가 많다. 혼자 밥을 먹거나 영화를 보고 여행을 가는 사람이 점점 늘고 있다는 기사도 계속 나오고 있다. 물론 혼자만의 시간을 갖는 것도 중요하다. 혼자 쉬면서 학교나 직장에서 만난 사람들 때문에 받은 스트레스도 풀 수 있고 자신의 생각을 정리할 수도 있기 때문이다. 하지만 혼자 보내는 시간이 많아질수록 다른 사람과 교류할 기회가 줄어들고 다양한 경험을 할 수가 없게 된다.

수미 씨의 책 덕분에 과제를 잘할 수 있었습니다. 시간을 말씀해 주시면 찾아가겠습니다. 그럼 답장 기다리겠습니다. 우리는 기분이 좋으면 밝은 표정을 짓는다. 그리고 기분이 좋지 않으면 표정이 어두워진다. 왜냐하면 감정과 표정이 깊은 관계가 있기 때문이다. 그런데 이와 반대로 표정이 우리의 감정에 영향을 주기도 한다. 그래서 기분이 안 좋을 때 밝은 표정을 지으면 기분도 따라서 좋아진다. 그러므로 우울할 때일수록 밝은 표정을 짓는 것이 좋다. 인터넷진흥원은 아이를 꼭 낳아야 하는지 서울 거주 남녀 100명에게 물어보았다. 아니라고 응답한 사람들의 이유는 양육비 부담, 자유로운 생활, 직장 생활 유지 등이었다.

💬 **TIP** 주제와 관련이 없는 내용을 쓰고 51, 52, 53번 문제를 그대로 옮겨 썼다.

[원고지에 연습해 보기]

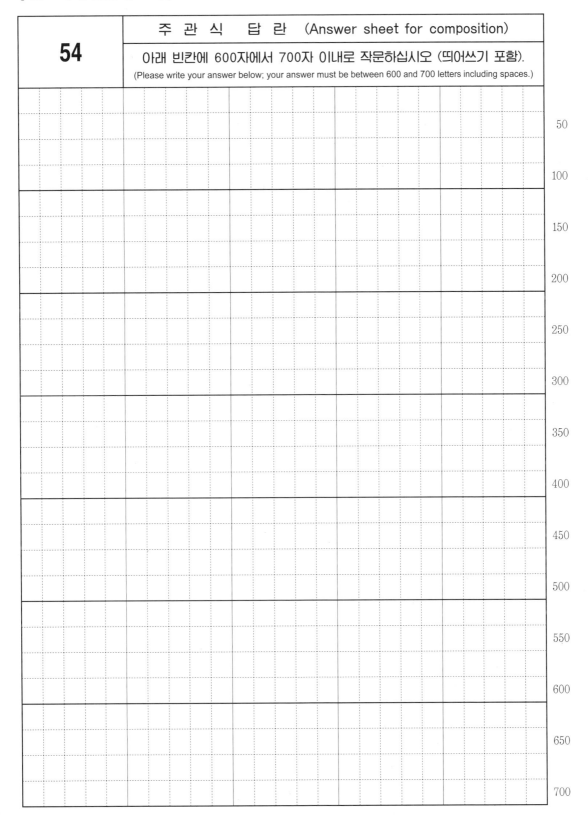

※ [1] 다음을 주제로 하여 자신의 생각을 600~700자로 글을 쓰시오. 단, 문제를 그대로 옮겨 쓰지 마시오. (50점)

> 정보화 사회인 현대 사회에서는 정보와 지식을 많이 얻는 것이 중요합니다. 하지만 그 정보와 지식을 잘 활용하기 위해서는 창의적으로 사고하는 능력도 필요합니다. 아래의 내용을 중심으로 '창의적인 사고 능력'에 대한 자신의 생각을 쓰십시오.
>
> • 현대 사회에서 사람들은 정보와 지식을 어디에서 찾습니까?
> • 정보화 사회에서 창의적인 사고 능력이 필요한 이유는 무엇입니까?
> • 창의적인 사고를 키우기 위해서는 어떻게 해야 합니까?

✏ 개요 메모하기

서론 최근 사람들이 정보와 지식을 얻을 수 있는 곳

본론 창의적인 사고 능력이 필요한 이유 (2~3개)

결론 창의적인 사고를 키우기 위한 방법 (2~3개)

54	주 관 식 답 란 (Answer sheet for composition)
	아래 빈칸에 600자에서 700자 이내로 작문하십시오 (띄어쓰기 포함). (Please write your answer below; your answer must be between 600 and 700 letters including spaces.)

※ [2] 다음을 주제로 하여 자신의 생각을 600~700자로 글을 쓰시오. 단, 문제를 그대로 옮겨 쓰지 마시오. (50점)

> 인간관계는 대화 없이 형성될 수 없습니다. 누구나 대화를 통해 인간관계를 맺고 이를 유지하기 위해 노력합니다. 하지만 대화는 인간관계를 좋아지게도 하지만 나빠지게도 만듭니다. 아래의 내용을 중심으로 '대화에 필요한 자세'에 대한 자신의 생각을 쓰십시오.

- 대화가 필요한 이유는 무엇입니까?
- 대화가 잘 이루어지지 않는 이유는 무엇입니까?
- 대화를 원활하게 하는 방법은 무엇입니까?

✎ 개요 메모하기

서론 대화가 필요한 이유 (1~2개)

본론 대화가 잘 이루어지지 않는 이유 (1~2개)

결론 대화를 원활하게 하는 방법 (1~2개)

54	주 관 식 답 란 (Answer sheet for composition)
	아래 빈칸에 600자에서 700자 이내로 작문하십시오 (띄어쓰기 포함). (Please write your answer below; your answer must be between 600 and 700 letters including spaces.)

50

100

150

200

250

300

350

400

450

500

550

600

650

700

※ [3] 다음을 주제로 하여 자신의 생각을 600~700자로 글을 쓰시오. 단, 문제를 그대로 옮겨 쓰지 마시오. (50점)

> 역사 교육은 조상들이 걸어온 발자취를 따라 민족의 정체성을 찾아가는 과정입니다. 따라서 사실 그대로의 역사를 교육하는 것이 중요합니다. 만약 사실에 근거하지 않고 주관적 판단으로 역사를 가르친다면 왜곡된 역사 인식을 심어 주게 될 것입니다. 아래의 내용을 중심으로 '역사 교육의 중요성'에 대한 자신의 생각을 쓰십시오.

- 역사 교육은 왜 중요합니까?
- 역사 교육을 통해 얻을 수 있는 효과는 무엇입니까?
- 올바른 역사 교육을 위해서는 어떻게 해야 합니까?

✎ 개요 메모하기

서론 역사 교육의 중요성 (1~2개)

본론 역사 교육을 통해 얻을 수 있는 효과 (1~2개)

결론 올바른 역사 교육 방법 (1~2개)

| **54** | 주 관 식 답 란 (Answer sheet for composition) |
| | 아래 빈칸에 600자에서 700자 이내로 작문하십시오 (띄어쓰기 포함).
(Please write your answer below; your answer must be between 600 and 700 letters including spaces.) |

※ [4] 다음을 주제로 하여 자신의 생각을 600~700자로 글을 쓰시오. 단, 문제를 그대로 옮겨 쓰지 마시오. (50점)

> 　현대 사회는 세계화에 따라 다른 나라의 문화를 받아들이는 과정에서 전통 문화가 사라지고 획일화되는 경향이 있습니다. 하지만 세계화 속에서도 자신의 고유한 문화인 전통 문화를 보존하는 것이 필요합니다. 아래의 내용을 중심으로 '전통 문화의 중요성'에 대한 자신의 생각을 쓰십시오.

> • 전통 문화가 사라지는 이유는 무엇입니까?
> • 왜 전통 문화를 보존해야 합니까?
> • 전통 문화를 보존할 수 있는 방법은 무엇입니까?

📎 개요 메모하기

서론　전통 문화가 사라지는 이유 (1~2개)

본론　전통 문화를 보존해야 하는 이유 (1~2개)

결론　전통 문화를 보존할 수 있는 방법 (1~2개)

54	주 관 식 답 란 (Answer sheet for composition)
	아래 빈칸에 600자에서 700자 이내로 작문하십시오 (띄어쓰기 포함). (Please write your answer below; your answer must be between 600 and 700 letters including spaces.)

※ [5] 다음을 주제로 하여 자신의 생각을 600~700자로 글을 쓰시오. 단, 문제를 그대로 옮겨 쓰지 마시오. (50점)

> 획일적인 공교육 제도의 문제점을 보완하고자 만들어진 대안학교에 관심이 높아지고 있습니다. 그러나 학생 중심의 자율적인 교육활동을 하는 대안학교의 운영은 아직 안정적으로 자리 잡지 못하고 있습니다. 아래의 내용을 중심으로 '공교육과 대안학교'에 대한 자신의 생각을 쓰십시오.

- 현재 공교육 제도가 가진 문제점은 무엇입니까?
- 대안학교의 장점은 무엇입니까?
- 앞으로 공교육 제도와 대안학교는 어떻게 운영되어야 합니까?

📎 개요 메모하기

서론 공교육 제도의 문제점 (1~2개)

본론 대안 학교의 장점 (2~3개)

결론 공교육 제도와 대안학교의 운영 방법

54	주 관 식 답 란 (Answer sheet for composition)
	아래 빈칸에 600자에서 700자 이내로 작문하십시오 (띄어쓰기 포함).
	(Please write your answer below; your answer must be between 600 and 700 letters including spaces.)

※ [6] 다음을 주제로 하여 자신의 생각을 600~700자로 글을 쓰시오. 단, 문제를 그대로 옮겨 쓰지 마시오. (50점)

> 　예술 분야에서 인정받기 위해서는 선천적인 재능과 후천적인 노력이 필요합니다. 타고난 능력만으로 성공한 예술가도 있지만 끊임없는 노력으로 훌륭한 작품을 남긴 예술가도 있습니다. 재능과 노력 중에서 어떤 것이 더 중요하다고 생각합니까? 아래의 내용을 중심으로 '예술에서 중요한 것'에 대한 자신의 생각을 쓰십시오.

- 예술 분야에서 선천적인 재능이 꼭 필요합니까?
- 예술 분야에서 후천적인 노력은 얼마나 영향을 줍니까?
- 둘 중 어떤 것이 더 중요하다고 생각합니까?

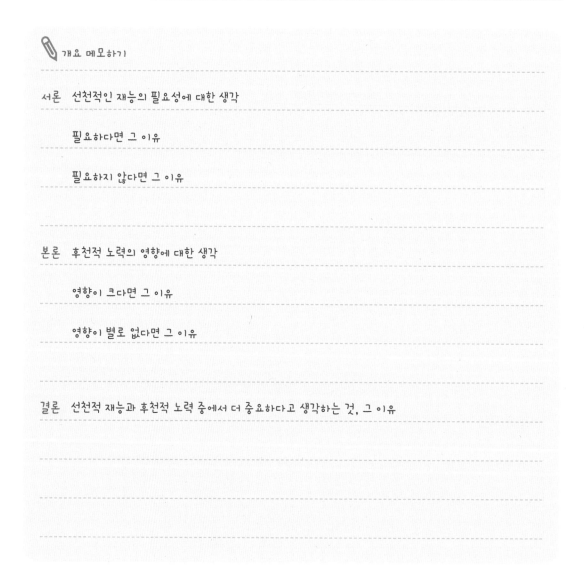

✎ 개요 메모하기

서론　선천적인 재능의 필요성에 대한 생각

　　　필요하다면 그 이유

　　　필요하지 않다면 그 이유

본론　후천적 노력의 영향에 대한 생각

　　　영향이 크다면 그 이유

　　　영향이 별로 없다면 그 이유

결론　선천적 재능과 후천적 노력 중에서 더 중요하다고 생각하는 것, 그 이유

54	주 관 식 답 란 (Answer sheet for composition)
	아래 빈칸에 600자에서 700자 이내로 작문하십시오 (띄어쓰기 포함).
	(Please write your answer below; your answer must be between 600 and 700 letters including spaces.)

50

100

150

200

250

300

350

400

450

500

550

600

650

700

※ [7] 다음을 주제로 하여 자신의 생각을 600~700자로 글을 쓰시오. 단, 문제를 그대로 옮겨 쓰지 마시오. (50점)

> 미래에는 인공지능·로봇 등의 기술 발달로 인해 사회가 발전하고 삶의 질이 높아질 것으로 기대됩니다. 하지만 기술이 발전하는 만큼 일자리가 줄어들 것이라는 부정적인 예상도 있습니다. 아래의 내용을 중심으로 '기술 발달이 사회에 미치는 영향'에 대한 자신의 생각을 쓰십시오.
>
> • 기술 발달이 사회에 미치는 긍정적인 점은 무엇이 있습니까?
> • 기술 발달로 인해 부정적인 결과로 예상되는 것은 무엇이 있습니까?
> • 이러한 변화에 어떻게 대비해야 합니까?

✎ 개요 메모하기

서론 기술 발달의 긍정적인 면 (1~2개)

본론 기술 발달로 인한 문제점 (1~2개)

결론 기술 발달로 인해 변화하는 사회에 대응하는 방법 (1~2개)

54	주 관 식 답 란 (Answer sheet for composition)
	아래 빈칸에 600자에서 700자 이내로 작문하십시오 (띄어쓰기 포함).
	(Please write your answer below; your answer must be between 600 and 700 letters including spaces.)

※ [8] 다음을 주제로 하여 자신의 생각을 600~700자로 글을 쓰시오. 단, 문제를 그대로 옮겨 쓰지 마시오. (50점)

> 사람들은 일상생활을 할 때 필요한 정보를 인터넷에서 찾는다. 그러나 인터넷에서 다양한 질문을 쉽고 빠르게 찾을 수 있지만 이로 인해 생기는 문제도 적지 않다. 아래의 내용을 중심으로 '인터넷 정보'에 대한 자신의 생각을 쓰라.

- 사람들은 인터넷을 통하여 무슨 정보를 얻으려고 하는가?
- 인터넷에서 얻은 정보는 어떤 문제점을 가질 수 있는가?
- 인터넷 정보를 받아들이는 올바른 자세는 무엇인가?

✎ 개요 메모하기

서론 사람들이 인터넷을 통해 얻는 정보 (1~2개)

본론 인터넷으로 얻은 정보의 문제점 (1~2개)

결론 인터넷 정보를 받아들이는 올바른 자세, 태도 (1~2개)

54	주 관 식 답 란 (Answer sheet for composition)
	아래 빈칸에 600자에서 700자 이내로 작문하십시오 (띄어쓰기 포함). (Please write your answer below; your answer must be between 600 and 700 letters including spaces.)

chapter 2

실전 모의고사

실전 모의고사 4회분을 통해 실전 감각을 키워 보세요.

시간을 재면서 문제를 풀어 보는 것이 좋습니다.

※ [51~52] 다음을 읽고 ㉠과 ㉡에 들어갈 말을 각각 한 문장으로 쓰시오. (각 10점)

51.

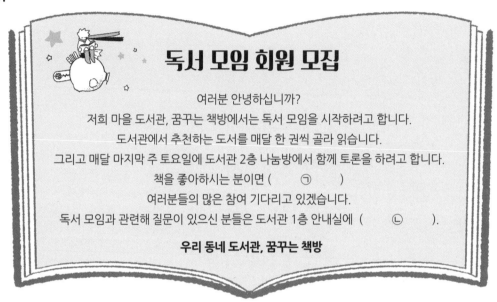

독서 모임 회원 모집

여러분 안녕하십니까?

저희 마을 도서관, 꿈꾸는 책방에서는 독서 모임을 시작하려고 합니다.

도서관에서 추천하는 도서를 매달 한 권씩 골라 읽습니다.

그리고 매달 마지막 주 토요일에 도서관 2층 나눔방에서 함께 토론을 하려고 합니다.

책을 좋아하시는 분이면 (㉠   )

여러분들의 많은 참여 기다리고 있겠습니다.

독서 모임과 관련해 질문이 있으신 분들은 도서관 1층 안내실에 (㉡   ).

우리 동네 도서관, 꿈꾸는 책방

51	㉠
	㉡

52.

　운동할 때 땀이 나지 않으면 효과가 없다고 생각하는 사람이 많지만 땀이 나는 것은 운동 효과와 관계가 없다. 땀은 지방이 아닌 수분이 몸 밖으로 나오는 것이기 때문이다. 갑자기 많은 땀을 흘리면 체중이 줄어들기도 하지만 이는 일시적인 현상으로 물을 마시면 다시 원래 (㉠   ). 그러므로 운동할 때 땀이 별로 나지 않아 효과가 없을 거라고 (㉡   ). 제대로 운동 효과를 보려면 체내에 있는 수분이 아니라 지방을 빼기 위해 노력해야 한다.

52	㉠
	㉡

※ [53] 다음을 참고하여 '교통사고 발생 현황'에 대한 글을 200~300자로 쓰시오. 단, 제목은 쓰지 마시오. (30점)

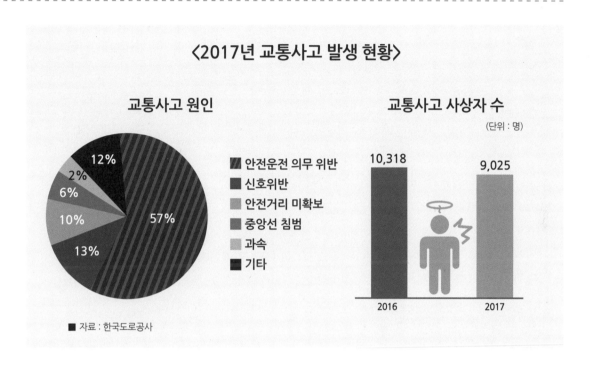

<2017년 교통사고 발생 현황>

교통사고 원인

- 안전운전 의무 위반
- 신호위반
- 안전거리 미확보
- 중앙선 침범
- 과속
- 기타

57%, 13%, 10%, 6%, 2%, 12%

교통사고 사상자 수
(단위 : 명)

10,318 (2016), 9,025 (2017)

■ 자료 : 한국도로공사

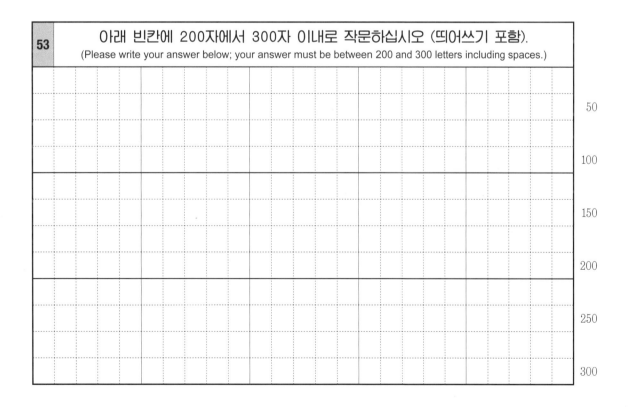

53	아래 빈칸에 200자에서 300자 이내로 작문하십시오 (띄어쓰기 포함). (Please write your answer below; your answer must be between 200 and 300 letters including spaces.)

※ [54] 다음을 주제로 하여 자신의 생각을 600~700자로 글을 쓰시오. 단, 문제를 그대로 옮겨 쓰지 마시오. (50점)

일부 기업과 시민단체를 중심으로 이루어졌던 기부 활동이 일반인에게도 익숙해지며 확산되고 있습니다. 그러나 여전히 기부 활동을 부담스럽게 생각하는 사람들이 많습니다. 아래의 내용을 중심으로 '기부 문화'에 대한 자신의 생각을 쓰십시오.

- 기부에 대한 인식은 어떻게 변했습니까?
- 기부 활동이 필요한 이유는 무엇입니까?
- 기부 문화를 활성화시킬 수 있는 방안은 무엇입니까?

📎 개요 메모하기

서론

본론

결론

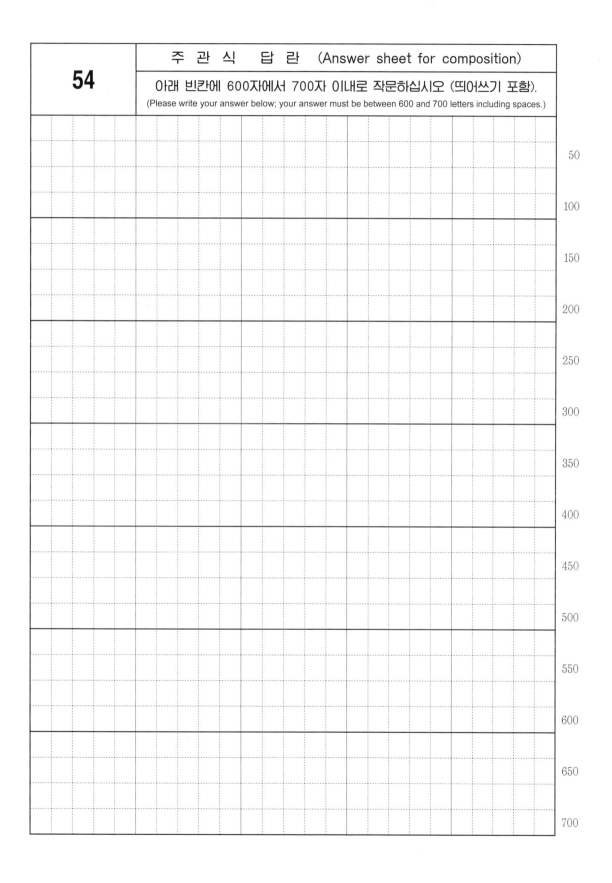

54

주 관 식   답 란   (Answer sheet for composition)

아래 빈칸에 600자에서 700자 이내로 작문하십시오 (띄어쓰기 포함).
(Please write your answer below; your answer must be between 600 and 700 letters including spaces.)

50

100

150

200

250

300

350

400

450

500

550

600

650

700

※ [51~52] 다음을 읽고 ㉠과 ㉡에 들어갈 말을 각각 한 문장으로 쓰시오. (각 10점)

51

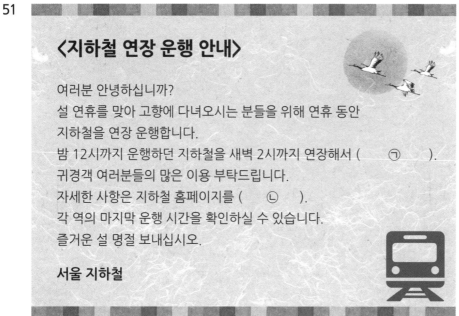

〈지하철 연장 운행 안내〉

여러분 안녕하십니까?
설 연휴를 맞아 고향에 다녀오시는 분들을 위해 연휴 동안
지하철을 연장 운행합니다.
밤 12시까지 운행하던 지하철을 새벽 2시까지 연장해서 (㉠   ).
귀경객 여러분들의 많은 이용 부탁드립니다.
자세한 사항은 지하철 홈페이지를 (㉡   ).
각 역의 마지막 운행 시간을 확인하실 수 있습니다.
즐거운 설 명절 보내십시오.

서울 지하철

51	㉠	
	㉡	

52

　'칭찬은 고래도 춤추게 한다'는 책의 내용은 한마디로 칭찬을 많이 해야 (㉠   ).
칭찬 교육의 긍정적인 효과를 부정하지는 않지만 지나친 칭찬 교육은 오히려 역효과
를 불러일으키기도 한다. 그 예로 칭찬을 받기 위해 다른 사람의 지시에 따라 움직이
고 다른 사람의 평가에만 집착하게 되면 수동적인 인간이 될 가능성이 많다는 것이다.
따라서 능동적인 인간으로 키우기 위해서는 지나친 칭찬을 피하고 (㉡   ) 하는 것
이 필요하다.

52	㉠	
	㉡	

※ [53] 다음은 '세대별 투표율'에 대해 조사한 결과이다. 그래프를 보고, 조사 결과를 비교하여 200~300자로 쓰시오. 단, 제목은 쓰지 마시오. (30점)

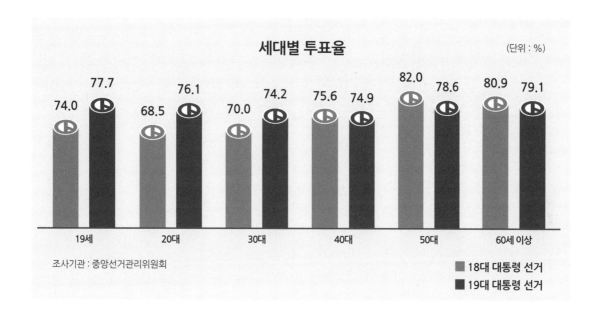

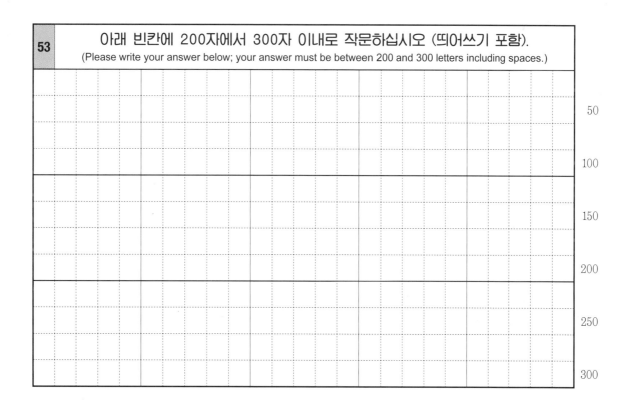

※ [54] 다음을 주제로 하여 자신의 생각을 600~700자로 글을 쓰시오. 단, 문제를 그대로 옮겨 쓰지 마시오. (50점)

사회나 직장, 학교 등 어디에서든지 지도자가 있고 그의 능력에 따라 그 단체의 성공 여부가 결정되기도 합니다. 이처럼 지도자의 역할은 매우 중요합니다. 또한 지도자를 대하는 단체 구성원의 자세도 중요합니다. 아래의 내용을 중심으로 '바람직한 지도자의 역할과 단체 구성원의 자세'에 대한 자신의 생각을 쓰십시오.

- 지도자의 역할은 무엇이라고 생각합니까?
- 지도자가 그 역할을 잘 수행하기 위해서는 어떤 요건을 갖추어야 합니까?
- 지도자를 대하는 단체 구성원의 바람직한 자세는 무엇입니까?

✏️ 개요 메모하기

서론

본론

결론

| **54** | 주 관 식 답 란 (Answer sheet for composition) |
| | 아래 빈칸에 600자에서 700자 이내로 작문하십시오 (띄어쓰기 포함).
(Please write your answer below; your answer must be between 600 and 700 letters including spaces.) |

50

100

150

200

250

300

350

400

450

500

550

600

650

700

※ [51~52] 다음을 읽고 ㉠과 ㉡에 들어갈 말을 각각 한 문장으로 쓰시오. (각 10점)

51.

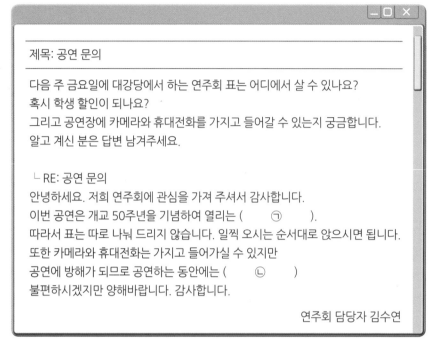

제목: 공연 문의

다음 주 금요일에 대강당에서 하는 연주회 표는 어디에서 살 수 있나요?
혹시 학생 할인이 되나요?
그리고 공연장에 카메라와 휴대전화를 가지고 들어갈 수 있는지 궁금합니다.
알고 계신 분은 답변 남겨주세요.

└ RE: 공연 문의
안녕하세요. 저희 연주회에 관심을 가져 주셔서 감사합니다.
이번 공연은 개교 50주년을 기념하여 열리는 (㉠   ).
따라서 표는 따로 나눠 드리지 않습니다. 일찍 오시는 순서대로 앉으시면 됩니다.
또한 카메라와 휴대전화는 가지고 들어가실 수 있지만
공연에 방해가 되므로 공연하는 동안에는 (㉡   )
불편하시겠지만 양해바랍니다. 감사합니다.

연주회 담당자 김수연

51	㉠	
	㉡	

52.

　　고양이를 반려동물로 키우는 1인 가구가 증가하고 있다. 그 이유는 여러 가지가 있겠지만 개와는 다른 고양이의 독립적인 성격이 좋다는 의견이 있다. 보통 고양이는 사교적인 개에 비해서 사람에게 기대지 않기 때문에 (㉠   ) 주인이 없는 집에서도 장시간 시간을 보내도 괜찮다고 생각한다. 하지만 최근 연구 결과에 따르면 고양이도 먹이나 장난감보다는 (㉡   )을 가장 원한다고 한다. 따라서 고양이를 혼자 두는 것보다 함께 있는 것이 좋다.

52	㉠	
	㉡	

※ [53] 다음을 참고하여 '편의점 매출액 현황과 매출 증가 원인'에 대한 글을 200~300자로 쓰시오. 단, 제목은 쓰지 마시오. (30점)

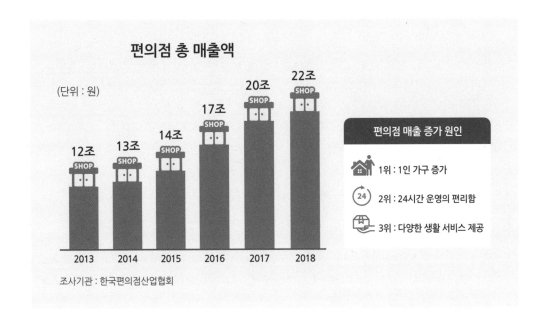

| 53 | 아래 빈칸에 200자에서 300자 이내로 작문하십시오 (띄어쓰기 포함).
 (Please write your answer below; your answer must be between 200 and 300 letters including spaces.) |

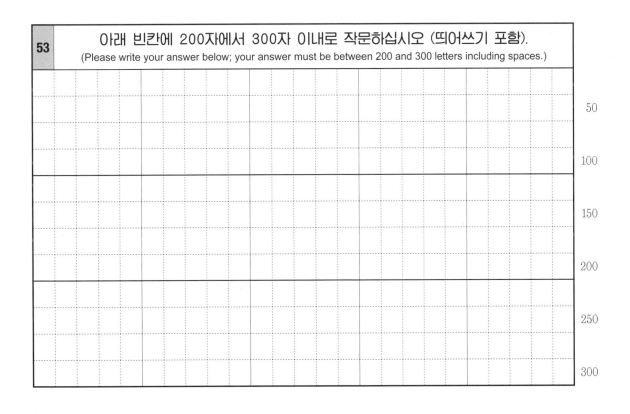

세계적으로 인구감소 현상이 나타나고 있습니다. 청년층의 비중은 감소하는 반면 노년층의 비중은 꾸준히 늘어날 전망입니다. 나라마다 차이가 있기는 하지만 이러한 현상은 심각한 사회문제로 인식되기 시작했습니다. 이와 같은 '인구감소 현상'에 대한 자신의 생각을 쓰십시오.

• 인구감소 현상의 원인은 무엇입니까?
• 인구감소 현상으로 생기는 사회 문제에는 어떤 것이 있습니까?
• 이로 인해 생기는 사회 문제는 어떻게 해결할 수 있습니까?

✎ 개요 메모하기

서론

본론

결론

54	주 관 식 답 란 (Answer sheet for composition)
	아래 빈칸에 600자에서 700자 이내로 작문하십시오 (띄어쓰기 포함). (Please write your answer below; your answer must be between 600 and 700 letters including spaces.)

※ [51~52] 다음을 읽고 ㉠과 ㉡에 들어갈 말을 각각 한 문장으로 쓰시오. (각 10점)

51

아직도 고궁 야간관람 입장권을 구하지 못하셨나요?
걱정하실 필요 없습니다.
한복을 입으면 (㉠   ).
저희 호텔에서는 한복 체험과 함께 최고의 서비스를 받으실 수 있는
상품이 있습니다.
저희가 준비한 한복을 입고 고궁 야간관람도 무료로 즐길 수 있는 기회!
호텔 회원이시라면 10% (㉡   ).
더 다양한 할인 혜택이 궁금하시다면 저희 홈페이지를 방문해 주세요!

HaHaHOTEL.com

| 51 | ㉠ | |
| | ㉡ | |

52

　사람들은 화를 내고 불만을 이야기하지 말고 일단 참으라고 한다. 그리고 잘 참는 사람들을 보며 성격이 좋다거나 성숙하다고도 한다. 하지만 화를 참는 사람들은 (㉠   ) 질병에 걸릴 확률이 더 높다. 무조건 자기 자신의 감정을 억누르는 것이 신체에 악영향을 끼치는 것이다. 반면에 화를 잘 내는 사람들은 화를 참는 사람들에 비해 2년 정도 (㉡   ). 그렇다고 화가 날 때마다 화를 내라는 것이 아니다. 가장 오래 살 수 있는 방법은 매 순간 즐거운 감정을 느끼며 사는 것이다.

| 52 | ㉠ | |
| | ㉡ | |

※ [53] 다음은 '성별, 연령별 전자책 판매권수 점유율'에 대한 조사 결과이다. 그래프를 보고 조사 결과를 비교하여 200~300자로 쓰시오. 단, 글의 제목은 쓰지 마시오. (30점)

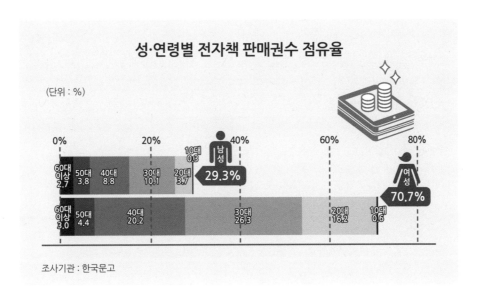

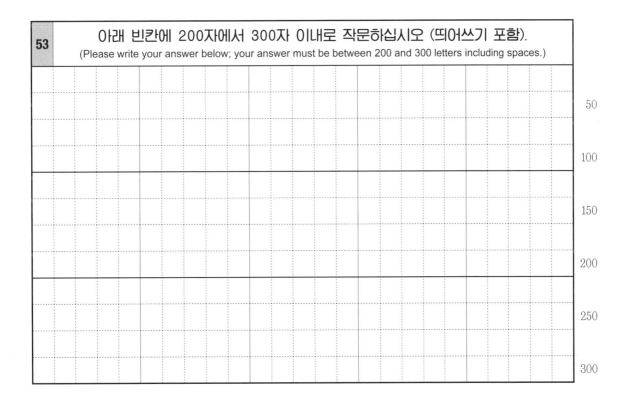

요즘 대부분의 사람들은 종이신문 대신 온라인으로 뉴스를 접한다고 합니다. 온라인이 종이신문의 대체 매체로 등장하면서 종이신문의 필요성 자체를 느끼지 못하는 것입니다. 하지만 온라인 뉴스는 편리성이 있는 반면에 문제점도 있습니다. '종이신문과 온라인 뉴스 이용'에 대한 자신의 생각을 쓰십시오.

- 종이신문의 비중이 줄어드는 이유는 무엇입니까?
- 온라인 뉴스의 문제점은 무엇이 있습니까?
- 뉴스를 받아들이는 바람직한 태도는 무엇입니까?

📎 개요 메모하기

서론

본론

결론

주 관 식 답 란 (Answer sheet for composition)

54

아래 빈칸에 600자에서 700자 이내로 작문하십시오 (띄어쓰기 포함).
(Please write your answer below; your answer must be between 600 and 700 letters including spaces.)

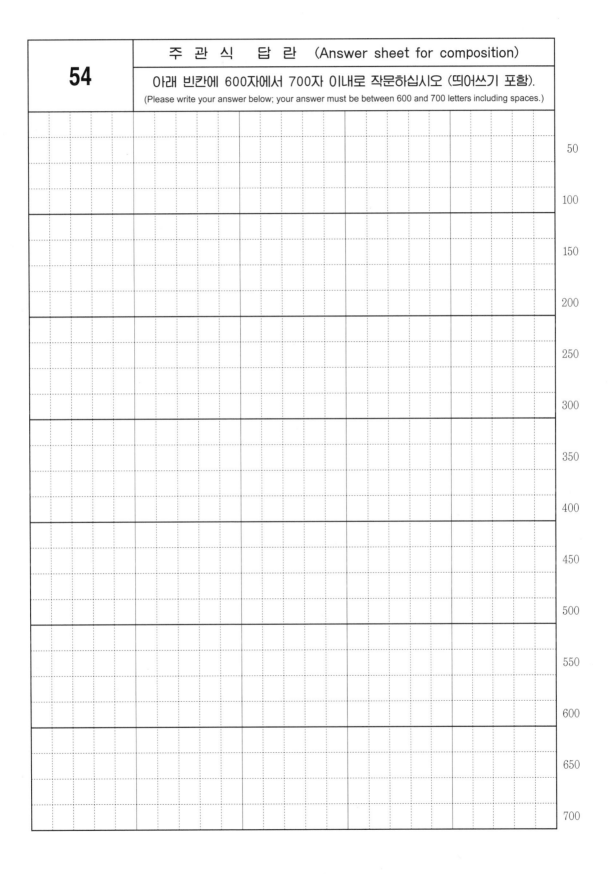

정답과 모범 답안

정답과 모범 답안입니다.

모범 답안의 글을 읽고 전체적인 글의 구성과 단락 나누기,

어휘 및 표현을 공부하세요.

연습문제 P.22-25

1. ㉠ 만나지 못할 것 같습니다 / 못 만날 것 같습니다 /
   만나지 못하게 되었습니다

   ㉡ 고향에 오라고 했습니다 / 오라고 하셨습니다

2. ㉠ 학교에 갈 수 없습니다 / 학교에 못 갑니다 /
   학교에 못 갈 것 같습니다

   ㉡ 숙제를 알려 주시겠습니까 /
   숙제를 가르쳐 주시겠습니까

3. ㉠ 청소할 예정입니다 / 청소하려고 합니다 /
   청소할 겁니다

   ㉡ 이용하시기 바랍니다 / 이용해 주시기 바랍니다

4. ㉠ 시작하려고 합니다 / 시작하게 되었습니다

   ㉡ 참석해 주시기 바랍니다 / 와 주시기 바랍니다

5. ㉠ 팔아 보시겠습니까 / 판매해 보시겠습니까

   ㉡ 보내 주시기 바랍니다 / 보내 주십시오

6. ㉠ 일본어를 가르쳐 드리겠습니다 /
   일본어를 가르쳐 주겠습니다

   ㉡ 공부하고 싶습니다 / 만나고 싶습니다

7. ㉠ 교환해 드리려고 합니다 / 교환해 드리겠습니다

   ㉡ 전화해 주시기 바랍니다 / 연락해 주시기 바랍니다

8. ㉠ 신입회원을 모집합니다 / 신입회원을 모집하려고 합니다 /
   신입회원을 뽑습니다 / 신입회원을 뽑으려고 합니다

   ㉡ 요리를 해 본 적이 없어도 괜찮습니다 /
   요리를 못 해도 괜찮습니다

연습문제 P.36-39

[과학/의학/생활정보]

1. ㉠ 체온이 내려간다 / 체온이 차가워진다

   ㉡ 미지근한 물로 샤워를 하는 것이 좋다 /
   미지근한 물로 샤워를 해야 한다

2. ㉠ 건강이 약해지기 때문이다 / 건강에 좋지 않기 때문이다

   ㉡ 면역력을 키우는 것이 중요하다 /
   면역력을 키우는 것이 좋다

3. ㉠ 껍질을 먹는 것을 권장한다 / 껍질을 먹어야 한다

   ㉡ 껍질에 불순물이 묻었을까 봐 /
   껍질에 불순물이 남아있을까 봐

4. ㉠ 식욕을 떨어뜨리는 효과가 있다 /
   식욕을 없애는 효과가 있다

   ㉡ 차가운 색으로 설치하면 / 차가운 색으로 바꾼다면

[교훈적인 내용]

1. ㉠ 존재하지 않게 된다는 것이다(것을 의미한다) /
   없다는 것이다(것을 의미한다)

   ㉡ 일어나지 않도록 노력해야 한다 /
   일어나지 않게 해야 한다

2. ㉠ 실패한 것이 아니다 / 실패라고 할 수 없다

   ㉡ 과정이 중요하다 / 과정이 중요한 법이다

3. ㉠ 신입사원의 말을 들은 후에 / 신입사원의 말을 듣고 나서

   ㉡ 존댓말을 사용하면 / 존댓말로 이야기하면

4. ㉠ 물건에 집착하는 경우가 많기 때문이다 /
   물건에 집착한다

   ㉡ 친구들에게 관심을 가지는 것이 좋을 것이다 /
   친구들과의 관계에 신경 쓰는 것이 좋을 것이다

TOPIK II 쓰기 53번

[비교 대조의 글]

연습문제 1 P.52

통계청은 2009년부터 2017년까지 20대 남녀 고용률을 조사해 발표했다. 조사 결과에 따르면 남자 고용률은 2009년 66%에서 2016년 60.5%까지 계속 하락하다가 2017년에 0.2% 소폭 상승했다. 반면에 여자 고용률은 2011년과 2012년에는 57 3.%로 변화가 없었지만 2009년 54.9%에서 2017년까지 꾸준히 증가했다. 남녀 고용률을 비교해 보면 2009년에는 10% 이상 차이가 났지만 2017년에는 0.5%로 차이가 많이 줄어든 것을 알 수 있다.

연습문제 2 P.53

한국서점에서 성인 50명, 학생 150명을 대상으로 독서 현황에 대해 조사한 결과 연간 독서량은 초등학생이 70권으로 가장 많이 읽는 것으로 나타났다. 그 다음으로 중학생이 20권, 고등학생이 13권으로 뒤를 이었다. 성인은 9권으로 연간 독서량이 가장 적은 것으로 나타났다.
또한 평일 독서 시간을 살펴보면 초등학생이 35시간으로 가장 길었고 중학생, 고등학생이 각각 12시간, 8시간으로 나타났다. 성인은 3시간으로 독서 시간이 가장 짧은 것으로 조사됐다.
조사 결과 나이가 어릴수록 독서량과 독서 시간이 긴 것을 알 수 있다.

연습문제 1 P.56

교육부는 청소년 학업 중단의 현황에 대한 조사를 실시하였다. 조사 결과 청소년 학업 중단율은 2012년 0.35%에서 2017년 1.07%까지 계속 증가하고 있는 것으로 나타났다. 청소년들이 학업을 중단하는 원인으로는 가정이나 학교에 적응하지 못한 경우가 59.7%로 가장 많았고 석 달 이상 장기 결석이 22.9%로 그 뒤를 이었으며 유학 등의 해외출국이 12.5%, 질병 등 기타 원인이 4.9%인 것으로 조사되었다.

연습문제 2 P.57

환경연구소가 '한반도 연평균 기온 변화'에 대해 조사한 결과 1940년 12도에서 2010년 13.5도로 계속 상승한 것으로 나타났다. 또한 2020년 연평균 기온이 14도까지 오를 것으로 예상하고 있다.
　이처럼 연평균 기온이 계속 상승하는 이유는 온실가스 배출이 1위로 조사되었고 그 다음으로 쓰레기 증가가 2위, 산림 훼손이 3위로 나타났다.

[분류의 글]

연습문제 1 P.60

언론매체는 전달 방식에 따라 출판, 방송, 통신 매체 세 가지로 분류할 수 있다. 각각의 특징을 살펴보면 먼저 출판매체는 신문, 잡지를 들 수 있다. 이는 다양한 분야의 뉴스를 전달할 수 있고 이용자들의 신뢰도가 높다. 방송 매체는 라디오나 텔레비전이 있는데 이는 다양한 연령대가 이용할 수 있고 생동감 있게 뉴스를 전달할 수 있다는 장점이 있다. 마지막으로 통신 매체로는 인터넷이 있는데 이는 신속한 보도가 가능하며 여론 파악을 쉽게 할 수 있다는 특징이 있다.

연습문제 2 P.61

채소는 형태에 따라 잎줄기 채소, 뿌리 채소, 열매 채소로 분류할 수 있다. 각 채소마다 용도나 효과도 다른데 그 특징은 다음과 같다. 첫째, 배추, 양배추, 파가 포함된 잎줄기 채소는 다량의 섬유소가 들어 있어 소화에 좋다. 둘째, 무, 우엉, 생강이 대표적인 뿌리 채소는 영양소가 풍부해 한약재로 이용하기도 한다. 마지막으로 고추, 가지, 토마토 같은 열매 채소는 수익성이 높아 여러 가공 식품으로 활용되고 있다.

연습문제 1 P.80

정보화 시대에 사람들은 인터넷을 이용하여 다양한 정보를 빠르고 편리하게 얻을 수 있게 되었다. 하지만 이러한 인터넷의 편리함으로 인해 인터넷에만 의지하며 자신만의 생각을 하지 않는 경향이 많아졌다. 그러나 정보화 시대에는 지식과 정보를 많이 얻는 것도 중요하지만 창의적인 사고 능력도 필요하다. 그 이유는 다음과 같다.

첫째, 개인적인 차원에서 창의력은 경쟁력이 되기 때문이다. 창의적인 사고 능력을 갖고 있는 사람은 그렇지 않은 사람보다 자신의 능력을 발휘하여 일을 하는 데 도움이 될 수 있다. 예를 들면 신제품을 개발한다거나 기존에 있는 것들보다 더 좋은 상품을 개발하려면 창의력이 필요하다.

둘째, 창의적인 사고 능력이 사회 발전의 원동력이 되기 때문이다. 창의적인 사고를 하는 사람이 많은 사회는 경제는 물론이고 문화도 발전할 수 있다. 최근 세계적으로 인기를 끌고 있는 한류문화가 좋은 예이다. 기존 산업이 정체돼 있을 때 창의력을 바탕으로 문화 콘텐츠 사업에 집중해 긍정적인 결과를 만들어 낸 것이다.

이처럼 창의적인 사고를 키우기 위해서는 다른 사람과는 다른 자신만의 사고를 기를 수 있어야 한다. 그렇게 하기 위해서는 획일화된 학습을 피하고 다양한 시각을 가질 수 있도록 독서나 여러 가지 경험을 하는 것이 필요하다.

연습문제 2 P.82

	사	람	은		누	구	나		혼	자		살		수		없	으	며		타	인	과		관	
계	를		맺	어	야		살		수		있	다	.	인	간	관	계	는		대	화	를		통	50
해	서		맺	어	지	므	로		관	계	를		잘		맺	기		위	해	서	는		올	바	
른		대	화	의		방	법	이		필	요	하	다	.	왜	냐	하	면		대	화	로		인	100
해	서		관	계	를		잘		맺	을		수	도		있	지	만		그	렇	지		않	은	
경	우	도		있	기		때	문	이	다	.														150
		대	화	가		잘		이	루	어	지	지		않	는		이	유	는		무	엇	일	까	?
여	러		가	지		이	유	가		있	겠	지	만		가	장		큰		문	제	점	은		200
휴	대	폰		사	용	에	서		비	롯	됐	다	고		생	각	한	다	.	요	즘		사	람	
들	은		휴	대	폰	에	서		눈	을		떼	지		못	하	고		언	제		어	디	서	250
든	지		휴	대	폰	을		사	용	한	다	.	친	구	나		가	족	과		함	께		있	
을		때	도		상	대	방	의		말	을		듣	기	보	다		휴	대	폰	을		보	는	300
사	람	들	이		많	아	졌	다	.	이	런		태	도	는		대	화	를		방	해	하	는	
가	장		큰		요	인	이	다	.	또	한		대	화	는		서	로	의		이	야	기	를	350
주	고	받	는		것	인	데		자	신	의		의	견	만		옳	다	고		주	장	하	거	
나		다	른		사	람	의		말	은		듣	지		않	으	려	는		태	도	도		대	400
화	를		잘		이	루	어	지	지		않	게		한	다	.									
		그	렇	다	면		올	바	른		대	화	의		자	세	는		무	엇	일	까	?	무	엇	450
보	다		잘		듣	는		것	이		중	요	하	다	.	얼	굴	에		입	이		하	나	
고		귀	가		두		개	인		이	유	는		적	게		말	하	고		많	이		들	500
으	라	는		의	미	가		있	어	서	라	고		한	다	.	또	한		다	른		사	람	
의		이	야	기	를		들	을		때		집	중	하	는		것	이		필	요	하	다	.	550
상	대	방	이		이	야	기	할		때		휴	대	폰	을		사	용	한	다	거	나		다	
른		행	동	을		하	는		것	은		좋	지		않	은		태	도	이	다	.	또	한	600
솔	직	한		마	음	으	로		상	대	방	을		대	하	는		것	도		중	요	하	다	.
마	지	막	으	로		거	친		말	투	나		예	의	에		맞	지		않	는		표	현	650
을		사	용	하	면		상	대	방	은		듣	기		거	북	해	지	기		때	문	에		
말	투	나		표	현	을		사	용	할		때	도		주	의	해	야		한	다	.			700

	역	사		교	육	은		한		사	회	가		형	성	되	면	서	부	터		현	재	까	
지	의		역	사	적		과	정	을		살	피	며		현	재	를		올	바	르	게		인	50
식	하	고		미	래	를		예	측	해		볼		수		있	게		한	다	.		그	렇	기
때	문	에		모	든		나	라	에	서		역	사		교	육	을		중	시	하	는	데		100
그		이	유	를		구	체	적	으	로		살	펴	보	면		다	음	과		같	다	.		
	우	선		역	사		교	육	을		통	해		청	소	년	들	에	게		조	상	들	이	150
어	떻	게		살	아		왔	는	지	,		자	기		나	라	가		어	떻	게		발	전	해
왔	는	지		알	려	줄		수		있	다	.		이	는		민	족	의		정	체	성	을	200
확	립	하	고		자	긍	심	을		갖	게		하	는		중	요	한		과	정	이	다	.	
	다	음	으	로		역	사		교	육	은		국	가		발	전	의		힘	이		될		250
수		있	다	.		과	거	에		겪	었	던		어	려	움	과		실	패	에	서		교	훈
을		얻	어		앞	으	로		어	떤		방	향	으	로		나	아	갈	지		결	정	할	300
수		있	다	.		또	한		다	른		나	라	의		역	사	를		알	면		지	금	
살	고		있	는		세	계	에		대	해		객	관	적	으	로		인	식	할		수		350
있	다	.		따	라	서		역	사	를		제	대	로		알	면		다	른		나	라	와	
우	호	적		관	계	를		맺	을		수		있	을		것	이	다	.						400
	그	러	나		자	국	의		자	부	심	을		높	이	려	고		객	관	적	이	지	
않	고		사	실	과		다	른		역	사		교	육	이		이	루	어	지	기	도		한	450
다	.		이	는		오	히	려		잘	못	된		역	사		인	식	을		갖	게		되	어
역	효	과	를		불	러	일	으	키	기	도		하	므	로		반	드	시		올	바	른		500
역	사		교	육	을		해	야		한	다	.		올	바	른		역	사		교	육	을		하
려	면		우	선		가	르	치	는		내	용	이		사	실	에		근	거	한		내	용	550
이	어	야		하	고	,		그	것	들	을		객	관	적	인		시	각	으	로		가	르	쳐
야		한	다	.		이	처	럼		역	사	를		객	관	적	으	로		바	라	볼		수		600
있	도	록		교	육	하	는		것	이		바	람	직	하	다	고		생	각	한	다	.		
																									650
																									700

연습문제 4 P.86

	현	대		사	회	에	서	는		정	치	,	경	제	,	문	화		등		모	든		분	
야	를		전		세	계	가		공	유	하	고		있	다	.	이	는		빠	르	게		변	50
하	는		현	대		사	회	의		특	징	이	자		장	점	이	다	.	그	러	나		이	
같	은		세	계	화	는		모	든		문	화	가		획	일	화	되	며		전	통		문	100
화	가		점	점		사	라	지	는		문	제	점	을		낳	기	도		한	다	.	세	계	
화	는		자	칫	하	면		각		민	족	의		정	체	성	과		고	유		문	화	를	150
사	라	지	게		할		수	도		있	다	.	이	렇	게		세	계	화	되	는		사	회	
에	서		살	아	남	으	려	면		오	히	려		자	신	의		고	유	한		문	화	인	200
전	통		문	화	를		지	켜	야		한	다	.	그		이	유	를		자	세	히		살	
펴	보	면		다	음	과		같	다	.														250
	먼	저	,	전	통		문	화	는		조	상	들	의		소	중	한		발	자	취	이	자	
조	상	들	이		쌓	아		온		지	혜	의		산	물	이	다	.	결	국		전	통		300
문	화	는		한		민	족	의		영	혼	이	라	고		할		수		있	다	.	영	혼	
없	이		다	른		문	화	를		받	아	들	이	고		획	일	화	된		문	화	를		350
닮	아	간	다	면		그		민	족	의		정	체	성	을		잃	어	버	릴		수	도		
있	다	.	자	신	의		정	체	성	을		지	켜	야		획	일	화	된		세	계	화	의	400
흐	름	에		일	방	적	으	로		휩	쓸	리	지		않	을		것	이	다	.				
	그	렇	다	면		전	통		문	화	를		보	존	할		수		있	는		방	안	은	450
무	엇	일	까	?	먼	저		정	부	에	서		전	통		문	화	를		보	존	할		수	
있	는		방	안	을		마	련	하	여		법	으	로		규	제	하	고		보	호	해	야	500
한	다	.	다	음	으	로		교	육	을		통	해		사	람	들	이		전	통		문	화	
의		중	요	성	을		인	식	하	도	록		해	야		한	다	.	전	통		문	화	를	550
존	중	하	고		보	존	할		수		있	도	록		사	람	들		스	스	로	가		전	
통		문	화	에		대	해		자	부	심	을		느	끼	고		정	부	에	서		마	련	600
한		법	을		잘		지	켜	야		한	다	.	이	와		같	이		전	통		문	화	
를		보	호	하	는		것	은		모	든		국	민	의		책	임	이	다	.				650
																								700

	최	근		공	교	육		제	도	를		불	신	하	는		사	람	들	이		많	아	지
고		있	다	.		공	교	육		제	도	는		보	통		좋	은		대	학	에		들	어
가	는		것	을		목	적	으	로		하	기		때	문	에		성	적	이	라	는		결
과	가		무	엇	보	다		중	요	하	다	고		생	각	한	다	.		따	라	서		현	재
공	교	육		제	도	가		가	진		가	장		큰		문	제	점	은		학	생	들	의
다	양	한		능	력	을		인	정	하	지		않	고		오	로	지		성	적	이		좋
은		학	생		양	성	을		목	표	로		한	다	는		것	이	다	.		또	한		좋
은		성	적	을		위	해		사	교	육	을		받	는		경	우		경	제	적		부
담	이		생	기	는		등		문	제	점	이		더		커	지	고		있	다	.		이	러
한		이	유		때	문	에		공	교	육		대	신	에		대	안	학	교	를		찾	는
사	람	들	이		증	가	하	고		있	다	.												
		대	안	학	교	는		공	교	육	의		문	제	점	을		보	완	하	고	자		학	습
자	가		중	심	이		되	어		자	율	적	으	로		프	로	그	램	을		운	영	하
도	록		만	들	어	진		학	교	이	다	.		그	리	고		결	과		중	심	의		교
육	이		아	니	라		토	론	이	나		체	험	을		통	한		과	정		중	심	의
프	로	그	램	을		구	성	해		운	영	하	고		있	다	.		이	를		통	해		학
생	들		스	스	로		관	심	이		있	는		부	분	을		더		깊	게		공	부
하	고		독	서	나		토	론	을		통	해		다	양	한		사	고	를		기	르	며
단	체		생	활	을		통	해		협	동	심	과		독	립	심	을		배	운	다	는		
장	점	이		있	다	.																		
		이	처	럼		대	안	학	교	는		많	은		장	점	을		가	지	고		있	지	만
학	력	을		중	시	하	는		한	국		사	회	의		특	성	상		입	시		위	
주	의		공	교	육		제	도	도		무	시	할		수		없	다	.		따	라	서		각
제	도	의		장	점	을		결	합	하	여		공	교	육	에	서	도		학	생	들	의	
개	성	과		자	율	성	을		키	울		수		있	도	록		프	로	그	램	을		마
련	하	는		것	이		필	요	하	며		대	안	학	교	에	서	도		다	양	한		학
습		프	로	그	램	을		제	공	해	야		할		것	이	다	.							

연습문제 6 P.90

음	악	,	미	술	,	무	용	등		예	술		분	야	에	서		성	공	하	려	면
선	천	적	인		재	능	과		함	께		후	천	적	인		노	력	도		필	요	하	다	. 50
새	가		두		개	의		날	개	로		날		듯	이		사	람	들	도		선	천	적
인		재	능	과		후	천	적	인		노	력	이	란		두		날	개	가		있	어	야	100

(표: 원고지 형식 답안)

음악, 미술, 무용 등 예술 분야에서 성공하려면 선천적인 재능과 함께 후천적인 노력도 필요하다. 새가 두 개의 날개로 날 듯이 사람들도 선천적인 재능과 후천적인 노력이란 두 날개가 있어야 예술 분야에서 정상까지 올라갈 수 있는 것이다.

우선 예술 분야에서 선천적인 재능은 꼭 필요하다고 생각한다. 예를 들어 천재 음악가로 불리는 모차르트는 부모에게 재능을 물려받아 또래 아이들보다 훨씬 빨리 인정받았고 다양한 음악적 체험을 할 수 있었다. 이런 선천적인 재능 덕분에 모차르트의 음악이 더욱 깊고 풍부해졌다. 동시에 후천적인 노력이 없었다면 모차르트는 피아노를 잘 치는 사람은 될 수 있었겠지만 뛰어난 음악가로 남지는 못했을 것이다. 성인이 되어 정서적으로 불안하고 경제적으로 어려운 상황 속에서도 끊임없는 연구와 분석을 통해 훌륭한 작품을 만들어냈기 때문이다.

이처럼 예술 분야의 성공에서 재능과 노력 모두 중요한 요소지만 그중 더 중요한 것을 꼽아야 한다면 선천적인 재능을 선택하겠다. 밑 빠진 독에 물 붓기라는 말처럼 재능이 없는 상태에서는 노력해봤자 인정받기가 힘들 것이다. 모차르트 역시 자신의 선천적인 재능을 믿었기에 끝까지 견딜 수 있는 용기가 생겼을 것이다. 따라서 인생에서 노력이 아무리 중요하다고 해도 예술 분야에서는 재능이 우선이라고 생각한다.

	먼		미	래	의		일	이	라	고	만		생	각	했	던		인	공	지	능	,	로	봇
등	을		요	즘	은		주	변	에	서		흔	히		볼		수		있	게		됐	다	.	50
예	를		들	어	,		인	공	지	능		스	피	커	를		사	용	하	면		쉽	게		날
씨		정	보	를		검	색	할		수	도		있	고		외	출		시		집	안	에		100
있	는		가	전	제	품	들	을		제	어	할		수		도		있	다	.		또	한		움	직
임	이		불	편	한		노	인	이	나		장	애	인	들	의		생	활	에	도		큰		150
도	움	이		되	고		있	다	.		얼	마		전	까	지	만		해	도		사	람	이
하	던		일	을		기	계	가		대	신	하	게		되	어		편	리	해	진		것	이	200
다	.
	하	지	만		이	런		기	술		발	달	이		긍	정	적	인		점	만		있	는	250
것	은		아	니	다	.		생	활	이		편	리	해	진		만	큼		인	공	지	능	이	나
로	봇	이		사	람	을		대	신	하	게		되	어		일	자	리	를		잃	는		사	300
람	들	도		늘	어	나	고		있	다	.		이	렇	게		되	면	,		단	순		작	업	이
필	요	한		공	장	을		운	영	할		경	우		인	건	비	를		줄	일		수		350
있	어	서		이	익	이	지	만		노	동	자		입	장	에	서	는		일	자	리	를
잃	게		되	어		큰		문	제	가		된	다	.		또	한		인	공	지	능		발	달	400
로		인	해		사	람	들	의		관	계	는		더	욱		멀	어	질		것	으	로
보	인	다	.		직	접		사	람	을		만	나	지		않	고	도		일	상	생	활	이	450
가	능	해	지	면	서		타	인	에		대	한		이	해	나		배	려	가		사	라	질
지	도		모	른	다	.																			500
	우	리	는		이	러	한		변	화	에		어	떻	게		대	처	해	야		할	까	?
우	선		사	회		전	체	가		이		변	화	가		당	장		우	리	에	게		닥	550
친		문	제	라	는		것	을		인	식	해	야		한	다	.		그	리	고		일	자	리
를		잃	는		사	람	이		새	로	운		사	회	에		적	응	할		수		있	도	600
록		법	적	,		제	도	적		대	비	책	을		마	련	해	야		할		것	이	다	.
새	로	운		기	술	을		만	들	고		이	용	하	는		것	도		모	두		사	람	650
의		몫	이	기		때	문	이	다	.
																								700

연습문제 8 P.94

	사	람	들	은		일	상	생	활		속	에	서		모	르	는		것	이		있	으	면	
인	터	넷	에	서		정	보	를		얻	으	려	고		한	다	.	예	를		들	면		그	50
날	의		날	씨	,	가	고		싶	은		장	소	의		교	통	편	,		새	로	운		맛
집		등		여	러		가	지		정	보	를		인	터	넷	을		통	해		얻	는	다	100
또	한		취	업		소	식	이	나		학	교	나		직	장	에	서		필	요	한		자	
료	를		찾	을		때	도		인	터	넷	을		이	용	하	면		쉽	고		빠	르	게	150
정	보	를		얻	을		수		있	다	.														
	하	지	만		우	리	가		손	쉽	게		이	용	하	는		인	터	넷	에	는		좋	200
은		점	만		있	는		것	은		아	니	다	.		먼	저		인	터	넷	의		정	보
나		자	료	는		10	0	%		맞	다	고		할		수		없	으	며		잘	못	된	250
정	보	도		적	지		않	다	.	예	를		들	면		잘	못	된		의	학		정	보	
로		건	강	을		해	친		사	람	도		있	으	며		거	짓		정	보	나		허	300
위		광	고	로		인	해		피	해	를		입	는		사	람	들	도		많	다	.	특	
히		의	학	과		관	련	된		정	보	는		생	명	과		관	련	된		중	요	한	350
문	제	이	기		때	문	에		자	신	의		상	황	에		맞	는		정	확	한		정	
보	를		찾	거	나		직	접		의	사	의		진	료	를		받	는		것	이		좋	400
다	.	인	터	넷	에		나	와		있	는		정	보	는		다	수	를		대	상	으	로	
하	기		때	문	에		그	것	이		자	신	에	게		맞	지		않	을		수		있	450
으	므	로		주	의	해	야		한	다	.														
	따	라	서		인	터	넷		정	보	를		받	아	들	일		때	는		우	선		그	500
정	보	가		맞	는		것	인	지		틀	린		것	인	지		여	러		사	이	트	를	
비	교	하	며		확	인	하	는		것	이		필	요	하	다	.	그	리	고		책	이	나	550
다	른		참	고		도	서	를		활	용	해		다	양	한		정	보	를		접	하	는	
것	이		좋	다	.	이	처	럼		너	무		인	터	넷	에	만		의	존	하	지		말	600
고		인	터	넷		정	보	를		비	판	하	고		분	석	할		수		있	는		능	
력	을		스	스	로		키	워	야		할		것	이	다	.									650
																								700

51. ㉠ 누구나 참여할 수 있습니다 / 누구나 참여 가능합니다

㉡ 문의하여 주시기 바랍니다 / 질문해 주시기 바랍니다

52. ㉠ 체중으로 돌아온다 / 체중이 된다

㉡ 걱정하지 않아도 된다 / 걱정할 필요가 없다

53.

한	국	도	로	공	사	에	서		'20	17	년		교	통	사	고		발	생	현	황
에		대	해		조	사	한		결	과	는		다	음	과		같	다	.	
	먼	저		교	통	사	고	의		원	인	에		대	해		조	사	한		결	과		안
전	운	전		의	무		위	반	이		57	%	로		가	장		많	았	으	며		다	음
으	로		신	호	위	반	이		13	%	,	안	전	거	리		미	확	보	가		10	%	,
중	앙	선		침	범	,	과	속	이		각	각		6	%	,	2	%	로		나	타	났	다	.
	교	통	사	고		사	상	자		수	에		대	한		결	과	로	는		20	16	년
10	.3	18	명	이	었	던		것	이		20	17	년	에	는		9.	02	5	명	으	로		다
소		줄	어	든		것	으	로		나	타	났	다	.							

54.

　몇 년 전까지만 해도 기부는 기업의 홍보 활동이나 시민단체를 중심으로만 이루어졌다. 이는 일반 사람들에게 기부에 대한 인식이 자리 잡지 못했기 때문이다. 대부분 사람들은 기부란 경제적으로 여유 있거나 사회적 지위가 높은 사람이 하는 것이라고 생각한 것이다. 그러나 최근에는 일반 사람들도 기부 활동에 적극적인 경우가 늘고 있다. 쓰던 물건 중 쓸 만한 것을 골라 필요한 이웃에게 기부하거나 유치원이나 학교에서 기부를 위한 행사를 여는 등 기부는 누구든지 할 수 있다는 인식이 확산되고 있는 것이다.

　이처럼 많은 사람들이 기부 활동에 대해 적극적으로 나서는 것은 의미 있는 일이다. 기부란 단순히 자신에게 필요 없는 물건을 남에게 주는 것이 아니다. 기부는 사용 가능한 물건이 버려지는 것을 막아 자원을 낭비하지 않게 한다. 또한 도움이 필요한 사회 구성원에게 경제적 지원이 가능하다. 특별한 사람이나 큰 단체라야 도움을 줄 수 있는 자격이 있는 게 아니라 이 사회의 구성원이라면 누구나 남을 도울 수 있는 것이다.

　기부 문화가 더욱 활성화되기 위해서는 일상생활 속에서 누구나 쉽게 참여할 수 있는 방안들이 필요하다. 예를 들어, 지하철 1회용 교통카드의 보증금을 기부하거나 사용하지 않는 신용카드 포인트를 기부하는 것이다. 이런 기부가 사소해 보이지만 모였을 때는 큰 힘이 된다는 사실을 깨닫고 실천하는 것이 필요하다.

51. ㉠ 운행할 예정입니다 / 운행합니다

ㄴ 확인하여 주시기 바랍니다 / 확인하시기 바랍니다

52. ㉠ 좋은 결과가 나타난다는 것이다 / 긍정적인 효과가 있다는 것이다

ㄴ 적절하게 칭찬을 하는 것이 / 적절한 칭찬을 하는 것이

53.

중	앙	선	거	관	리	위	원	회	에	서	는		지	난	'18	·	19	대		대	통	령
선	거	의		세	대	별		투	표	율	'	을		조	사	해	서		발	표	했	다	.		조
사		결	과	에		따	르	면		19	세		투	표	율	은		74	%	에	서		77	%
로	,	20	대	는		68	.5	%	에	서		76	.1	%	로	,	30	대	는		70	%	에	서	100
74	.2	%	로		증	가	했	다	는		것	을		알		수		있	다	.		반	면	에
40	대	는		75	.6	%	에	서		74	.9	%	로	,	50	대	는		82	%	에	서		78	.
6	%	로	,	60	세		이	상	의		경	우		80	.9	%	에	서		79	.1	%	로
감	소	한		것	으	로		나	타	났	다	.											200
	18	대	와		19	대		대	선	을		비	교	하	면		연	령	대	가		높	을	수
록		투	표	율	이		감	소	했	으	나		19	대		대	선	의		경	우		60	세
이	상	의		투	표	율	이		가	장		높	게		나	타	났	다	.					
																								300

54.

사람은 혼자서는 살아갈 수 없는 사회적 동물
이고 사회생활을 하는 사람이라면 대부분 단체에 (50)
소속되어 있기 마련이다. 또한 어떤 단체에서든지
그 단체를 이끄는 지도자와 구성원이 존재한다. (100)
그중 지도자는 다양한 구성원들의 의견을 한데로
모아 하나의 일정한 방향으로 이끌어 성과를 만 (150)
들어 내는 사람이다.
 지도자가 그 역할을 잘 수행하기 위해서는 우 (200)
선 자신이 속한 단체의 성격을 잘 파악해야 할
것이다. 예를 들어 학교나 회사나 모두 지도자가 (250)
존재하는 단체이지만 두 단체의 성격과 목적은
확연히 다르기 때문이다. 또한 그 분야에 어울리 (300)
는 전문성을 갖추고 단체의 목표를 정확히 설정
하는 능력이 필요하다. 그리고 구성원들의 특성을 (350)
파악할 수 있는 관찰력과 다양한 의견을 듣고
수용할 수 있는 포용력도 갖춰야 할 것이다. 이 (400)
를 바탕으로 결정적인 상황에서 의사결정을 하고
그 결과에 책임지는 자세도 지도자가 갖춰야 할 (450)
요건일 것이다.
 그렇다면 단체 구성원은 지도자의 의견을 따라 (500)
가기만 하는 존재일까? 지도자 역시 단체 구성원
의 일부이다. 적절한 시기에 결정을 내리고 책임 (550)
을 지는 것이 지도자지만 구성원들의 의견과 지
지가 없다면 그 지도자는 제 역할을 해내지 못 (600)
할 것이다. 따라서 구성원 역시 단체의 목표와
성과를 위해 지도자와 함께 호흡해 나가야 한다 (650)

(700)

51. ㉠ 무료 연주회입니다 / 무료 공연입니다

　㉡ 사용하실 수 없습니다 / 꺼낼 수 없습니다 / 전원을 꺼야 합니다

52. ㉠ 먹이와 장난감만 있다면 / 먹이와 장난감을 준비해 주면

　㉡ 사람(주인)과 같이(함께) 보내는 시간 / 주인(사람)과 함께(같이) 보내는 것

53.

	한	국	편	의	점	산	업	협	회	에	서		'편	의	점		매	출'	에		대	해
조	사	하	였	는	데		먼	저		매	출	액	을		살	펴	보	면	,	20	13	년		12
조	를		시	작	으	로		계	속	해	서		증	가	하	고		있	는		것	을		알
수		있	는	데		20	14	년		13	조	,	20	16	년	에	는		17	조	로		나	타
났	고		20	18	년	에	는		22	조	로		최	고	치	를		기	록	했	다	.
	이	처	럼		편	의	점		매	출	이		증	가	한		원	인	으	로	는		1	위
가		1	인		가	구		증	가	로		나	타	났	으	며		그		다	음	으	로
24	시	간		운	영	의		편	리	함	이		2	위	로		나	타	났	고		다	양	한
생	활		서	비	스		제	공	이		3	위	로		그		뒤	를		이	었	다	.

（100 / 200 / 300）

54.

전 세계적으로 인구가 줄어들고 있다. 이처럼 인구가 줄어드는 가장 큰 이유는 출산율 감소 때문이다. 특히 한국은 저출산 문제가 심각한데 결혼을 하지 않는 사람이 많아지면서 출산율도 함께 떨어지고 있다. 또한 결혼을 하더라도 아이를 낳지 않는 사람들도 많아지고 있다. 이는 경제 불황으로 인해 결혼과 출산을 포기하는 사람들이 많아졌기 때문이다. 이처럼 인구 감소는 경제 불황에서 비롯됐다는 것을 알 수 있다.

　이러한 인구 감소 현상은 여러 가지 문제점을 낳는다. 먼저 인구의 고령화는 노동력 부족 현상을 가져온다. 노동력이 부족하면 경제 발전에도 악영향을 준다. 이러한 경제 상황 때문에 청년층이 결혼과 출산을 포기하는 악순환이 계속되는 것이다. 또한 정부도 노인 연금이나 복지 제도 마련에 대한 부담이 커지고 있다.

　따라서 인구 감소에 따른 문제를 해결하기 위해서는 무엇보다 경제를 활성화시키는 것이 중요하다. 또 저출산이나 고령화 문제를 해결하기 위해서 정부는 자녀가 많은 가족에게 출산 지원비를 지원하는 등 여러 가지 방안을 내놓고 있지만 일회성에 그치고 있다. 따라서 아이를 많이 낳을 수 있도록 환경을 개선하는 게 무엇보다 시급한 일이다. 또한 노인들을 위한 일자리를 늘리고 고령화 사회에 대한 사회적 인식의 개선도 반드시 이뤄져야 할 것이다.

51. ㉠ 야간관람도 무료입장이 가능합니다 / 야간관람을 무료로 할 수 있습니다

㉡ 할인 혜택을 받으실 수 있습니다 / 할인이 가능합니다 / 할인을 해 드립니다

52. ㉠ 화를 내는 사람들 / 불만을 이야기하는 사람들에 비해서

㉡ 더 오래 산다는 것으로 알려졌다 / 더 사는 것으로 알려졌다 / 수명이 긴 것으로 나타났다

53.

	한	국	문	고	에	서		'전	자	책		성	별 ,		연	령	별		판	매	권	수		점
유	율 '	에		대	해		조	사	한		결	과		남	성	이		29	.3	% ,		여	성
이		70	.7	%	로		여	성	이		남	성	보	다		두		배	가		훨	씬		넘
게		전	자	책	을		구	입	하	는		것	으	로		나	타	났	다 .						100
	연	령	별	로		살	펴	보	면		남	성	은		30	대	가		10	.1	%	로		가
장		높	게		나	타	났	으	며		그		다	음	이		40	대	가		8 .	8	% ,	
50	대	가		3 .	8	%	로		나	타	났	다 .		여	성	도		30	대	가		26	.3	%	
로		가	장		높	게		나	타	났	으	며		그		다	음	으	로		40	대	가		200
20	.2	% ,		20	대	가		16	.2	%	로		나	타	났	다 .		남	성	과		여	성	
모	두		10	대	가		0 .	3	% ,		0 .	6	%	로		가	장		낮	게		나	타	났	
다 .																								300

54.

　예전에는 경제, 정치 뉴스나 사건사고 소식, 유용한 생활 정보 등은 종이신문을 통해 얻었다. 그러나 최근에는 종이신문으로 정보를 찾는 사람들을 보기가 쉽지 않다. 요즘은 온라인으로 더 빠르고 쉽게 정보나 뉴스를 볼 수 있기 때문에 종이신문 이용률이 떨어지고 있다는 것이다.

　온라인 뉴스는 종이신문에 비해서 신속하게 뉴스를 보도한다는 것이 가장 큰 장점이다. 하지만 신속한 보도는 장점인 동시에 단점이 되기도 쉽다. 뉴스를 빠르게 전달하는 과정에서 제대로 검증 작업을 거치지 않아 문제가 되는 일이 늘고 있는 것이다. 예를 들면 사실과 다른 뉴스를 보도해 독자들을 혼란스럽게 하는 경우도 있고 잘못된 뉴스로 인해 피해를 입는 사람들이 생기는 사례도 종종 볼 수 있다.

　따라서 독자는 온라인 뉴스를 무조건 믿지 말고 우선 그 기사가 올바른 정보를 제공하는지 분석해야 한다. 또한 종이신문을 비롯한 다른 매체에서는 같은 소식에 대해 어떻게 보도하는지 살펴보는 것도 중요하다. 이러한 독자가 많아진다면 온라인 뉴스를 제공하는 입장에서도 공정하고 정확한 기사를 쓸 수밖에 없을 것이다. 따라서 온라인 뉴스를 받아들이는 독자의 적극적이고 능동적인 자세가 온라인 뉴스의 문제점을 해결할 수 있다.

부록

기출 분석표

TOPIK 22~37, 41회

중·고급 유형01 51번

중급 22회~ 34회 (37번) : 게시판 제목 넣기
35회부터 토픽 Ⅱ : 빈칸에 알맞은 문장 넣기

[중급] 37번

회차	게시판 제목
22회	세계 음식 문화 축제
23회	서울시 대학생 기자 모집
24회	공부방 대여
25회	서울 역사길 가족 걷기 대회
26회	생활 수기 공모
27회	전주 한옥 마을 전통 문화 체험
28회	한글 사랑 우표 디자인 공모
29회	한국대학교 홍보 도우미 모집
30회	화장품 체험단 모집
31회	한국아파트 벼룩시장 안내
32회	서울 '차 없는 날' 행사 안내
33회	꽃씨를 무료로 드립니다!
34회	청소 서비스

[중급] 51번

회차	게시판 제목		정답
35회	무료로 드립니다	㉠	(그동안 사용했던 제 물건들을 정리하려고 합니다)
		㉡	(그러니까 물건이 필요하신 분들은 금요일 전까지 연락해 주시기 바랍니다)

36회	김영미 교수님께	㉠	그런데 (금요일에 뵙기 어려울 거 같습니다 / 금요일에 사정이 생겨서 찾아뵙기가 어려울 거 같습니다).
		㉡	혹시 (언제 시간이 괜찮으십니까? / 괜찮으신 시간을 말씀해 주시겠습니까?
37회	태권도 동아리 회원 모집	㉠	이번에 (새로 신입 회원을 모집하려고 합니다).
		㉡	(태권도를 처음 배우십니까?)
41회	이재정 선생님께	㉠	이번에는 (제가 선생님을 집으로 초대하고 싶습니다).
		㉡	저는 (언제든지 다 상관없습니다).

중·고급 유형 02 52번

중급 22회~ 34회(43, 44번)
35회부터 토픽 II : 빈칸에 알맞은 문장 넣기

[중급] 43번, 44번

회차		정답
22회	43번	그 소년이 책을 (읽을 수 있게 / 읽을 수 있도록) 서점 주인이 한 장을 넘겨 놓은 것이었다.
	44번	따라서 최근의 의사들에게는 이성적인 태도가 (필요할 뿐만 아니라 / 필요함은 물론이고) 환자의 감정을 배려하는 태도 역시 필요하게 되었다.
23회	43번	만약 여러분의 부하 직원이 실수를 한다면 무조건 (꾸중을 하기보다는 / 꾸중을 하려고 하지 말고) 칭찬-꾸중-칭찬의 대화법을 시도해 보는 것이 바람직하다.
	44번	따라서 자녀의 지능을 (높여 주려고 하는 / 높여 주고자 하는) 사람들은 아이가 한 살이라도 어릴 때에 악기를 가르치는 것이 좋다.
24회	43번	반면에 상대방과 (눈을 맞추지 않으면 / 눈을 맞추는 것을 피하면) 이야기에 관심을 갖고 있지 않거나 무엇인가를 숨기는 사람으로 생각될 수도 있다.
	44번	흔히 사람들은 그 날짜까지 제품을 반드시 (먹어야 한다고 / 먹어야 하는 것으로) 생각한다.

25회	43번	따라서 아빠가 (아이와 놀아 줄수록 / 많이 놀아 주면) 더욱 아이의 정서가 풍부해질 것이다.
	44번	따라서 모든 선수들이 똑같이 400m를 (달리게 하려면) 바깥쪽 자리 선수들의 출발 위치를 조금씩 앞으로 조정해야 한다.
26회	43번	따라서 상대방에게 선물하는 장미의 (색깔에 따라) 그 의미는 달라진다.
	44번	학생들은 수업을 듣기 전 스스로 자신이 무엇에 (관심이 있는지) 생각하는 시간을 갖는다.
27회	43번	즉 아는 것보다는 좋아하는 것이 낫고 (좋아하는 것보다 즐겁게 하는 것이) 더 낫다는 말이다.
	44번	이렇듯 세대가 바뀌면서 집에 대한 사람들의 (인식도 바뀌어) 가고 있는 것이다.
28회	43번	따라서 원하는 (목표를 달성하기 위해서 / 목표를 달성하려면) 장기 계획과 함께 한 달이나 일주일과 같이 짧은 기간 동안의 계획도 세우는 것이 좋다.
	44번	세 개의 다리가 삼각형을 이루면 장소와 관계없이 물건의 (무게 중심을 잡는 데 / 무게 중심을 잡기에) 유리하다
29회	43번	혹시라도 귀신이 아이를 (데리고 갈까 봐) 어른들은 예쁜 아이를 보고도 일부러 밉다고 말한 것이다.
	44번	미술은행이 생기면서 국내 미술 시장의 수준도 더욱 (높아질 것으로) 기대된다.
30회	43번	그래서 이러한 시간에 상점에 가면 파는 사람의 말을 듣고 큰 고민 없이 (물건을 사게 / 구입하게) 된다.
	44번	수영장의 물결은 가운데를 중심으로 바깥쪽으로 퍼져 나가는데, 그 물결은 가운데에서 (바깥쪽으로 갈수록 / 퍼질수록) 점점 더 커진다.
31회	43번	이처럼 일개미들은 같은 일만 하는 것이 아니라 (나이에 따라) 그 역할이 바뀐다.
	44번	출렁거리는 물 위를 다니는 (배와는 달리) 기차는 딱딱한 철로를 다니므로 위아래로의 움직임이 매우 적다.
32회	43번	그래서 사람들은 재미있는 일을 하면 실제보다 (시간이 빨리 간다고) 생각하게 된다.
	44번	그래서 농구에서는 선수들의 눈이 (피로해지지 않도록) 하기 위해서 바닥과 색이 비슷한 오렌지색 공을 사용하는 것이다.

33회	43번	뿐만 아니라 건강을 해칠 수 있기 때문에 같이 (먹어서는 안 되는) 채소에 대해서도 알려준다.
	44번	나에게는 어떤 (집에 사느냐)보다는 하루하루를 얼마나 즐겁게 보내는지가 더 중요한 것이다.
34회	43번	그러면 여러 번 빨아도 (색이 연해지지) 않는다.
	44번	그러므로 대화를 할 때도 상대방의 대답을 (기다릴 필요가) 있다.

[토픽 II] 52번

회차		정답
35회	43번	그런데 만일 (퍼즐 조각이 제 자리에 놓이지 않으면 그림은 완성되지 못한다).
	44번	그래야 (비로소 사회가 하나로 돌아가기 때문이다).
36회	43번	기회를 통해서 평범한 사람이 유명해지기도 하고 (부자가 되기도 한다)
	44번	그러나 실제로 (기회가 와도 그 기회를 잘 이용하지 못한다 / 찾아온 기회를 놓치는 사람들이 많다)
37회	43번	(하나는 아무리 어려워도 절대 포기하지 않는 것이다.)
	44번	반대로 (부정적으로 생각하면 좋은 결과를 얻기 어렵다 / 얻을 확률이 낮다)
41회	43번	그러나 더러워진 머리는 감고 자야 머릿결에 좋기 때문에 (머리는 저녁에 감는 것이 좋다).
	44번	따라서 (자기 전에 머리를 말리고 자야 한다).

중·고급 유형03 53번

중급 22회~ 34회(38번): 그래프 보고 쓰기
35회부터 토픽Ⅱ: 도표를 분석해서 글쓰기

[중급] 43번, 44번

회차	정답
22회	직장인 연간 독서율, 직장인 독서 분야 비교
23회	연도별 인터넷 쇼핑몰 주요 거래 품목 비율, 인터넷 쇼핑몰 구매 성별 비율 비교
24회	한국 영화의 제작 편 수 및 수익 작품 수, 상영관 점유율 비교
25회	연도별 가구 구성 비율, 연도별 소형 및 대형 가전제품 판매율
26회	저축 계획 비교, 저축을 늘리는 이유
27회	아침 식사를 먹는 비율(전체, 성별), 아침에 먹는 음식 성별 비교
28회	연도별 노인 취업률 현황, 노인 취업 분야 비교
29회	학교 체육 활동이 필요하다고 생각하는가? 어떤 도움이 되었는가?
30회	직장인 여가 생활 만족도, 여가 생활 개선을 위해 바라는 점
31회	연도별 전자책과 종이책의 판매 비중, 전자책 구입의 이유
32회	첫 직장이 전체 직장 생활에 영향을 주는가? 첫 직장에서 무엇을 중요하게 생각해야 하는가?
33회	청소년들과 가족 간의 대화 빈도 청소년들과 가족 간의 대화 내용
34회	전통 시장을 이용한 적이 있는가? 전통 시장을 이용하는 이유

[토픽Ⅱ] 53번

회차	그래프 제목
35회	30대와 60대 성인 남녀를 대상으로 필요하다고 생각하는 공공시설 비교
36회	1인 가구 증가의 원인과 현황
37회	대중매체 분류
41회	교사와 학생을 대상으로 글쓰기 능력을 향상시키는 방법에 대한 결과 비교

[중급] 43번, 44번

회차	제목 및 내용
22회	제목 : 창의적인 사고 능력의 필요성 (1) 창의적인 사고 능력이 필요한 이유 (2) 기존의 지식이나 정보를 대하는 태도 (3) 창의적인 사고 능력을 통해 얻을 수 있는 것
23회	제목 : 바람직한 인간관계 (1) 인간관계가 중요한 이유 (2) 자신이 생각하는 바람직한 인간관계 (3) 바람직한 인간관계를 맺고 유지할 수 있는 방법
24회	제목 : 고난과 시련을 통해 배운 것 (1) 지금까지 살면서 겪었던 고난과 시련 (2) 그 일을 극복하는 과정과 그 속에서 배우게 된 것 (3) 그 일이 인생을 살아가는 데 미친 영향
25회	제목 : 내가 생각하는 성공의 기준 (1) 내가 생각하는 성공이란 무엇인가? (2) 그것을 이루기 위해 필요한 것은 무엇인가? (3) 그 이유는 무엇인가?
26회	제목 : 개인 정보 공개와 시청자의 알 권리 (1) 시청자의 알 권리와 개인의 사생활 보호 중 무엇을 더 우선시해야 하는가? (2) 그렇게 생각하는 이유는 무엇인가? (3) 대중 매체의 올바른 보도 자세는 무엇인가?
27회	제목 : 경쟁의 긍정적인 면과 부정적인 면 (1) 현대 사회에서 경쟁이 심해지는 이유는 무엇이라고 생각하는가? (2) 경쟁이 가지는 긍정적인 측면은 무엇인가? (3) 경쟁이 미치는 부정적인 영향은 무엇인가?

28회	제목 : 선의의 거짓말이란 (1) 선의의 거짓말이란 무엇인가? (2) 선의의 거짓말은 언제 필요한가? (3) 선의의 거짓말이 가질 수 있는 문제점은 무엇인가?
29회	제목 : 토론에 필요한 자세 (1) 토론이 왜 필요한가? (2) 토론을 잘하기 위해서는 어떤 준비를 해야 하는가? (3) 상대방과 토론을 할 때에는 어떤 자세로 임해야 하는가?
30회	제목 : 예술 교육의 필요성 (1) 예술 교육이 왜 필요한가? (2) 예술 교육을 통해 얻을 수 있는 효과는 무엇인가?
31회	제목 : 행복한 삶의 조건 (1) 행복한 삶이란 무엇인가? (2) 행복하게 살기 위해 충족되어야 할 조건은 무엇인가?
32회	제목 : 대학의 역할 (1) 대학의 역할은 무엇이라고 생각하는가? (2) 대학이 그 역할을 잘 수행하기 위해서 어떤 요건을 갖추어야 하는가?
33회	제목 : 직업 선택의 조건 (1) 중요하게 생각하는 조건 세 가지는 무엇인가? (2) 그 중에서 가장 중요하다고 생각하는 것은 무엇인가? 　그것이 왜 다른 조건보다 더 중요하다고 생각하는가?
34회	제목 : 자연 보존과 자연 개발 (1) 자연 보존과 자연 개발 중 어느 것이 더 중요하다고 생각하는가? (2) 그렇게 생각하는 이유는 무엇인가? (2가지 이상 쓰시오)

[토픽 II] 54번

회차	제목 및 내용
35회	제목 : 경제적 여유가 행복에 미치는 영향 · 사람들이 생각하는 행복한 삶이란 무엇인가? · 경제적 조건과 행복 만족도의 관계는 어떠한가? · 행복 만족도를 높이기 위해 어떠한 노력이 필요한가?
36회	제목 : 동기가 일에 미치는 영향 · 동기는 일의 시작 단계에서 어떠한 역할을 합니까? · 동기가 일의 결과에 미치는 영향은 무엇입니까?
37회	제목 : 현대 사회에서 필요한 인재 · 현대 사회에서 필요한 인재는 어떤 사람입니까? · 그러한 인재가 되기 위해서 어떤 노력이 필요합니까?
41회	제목 : 없음 · 역사를 알아야 하는 이유 · 역사를 통해서 배울 수 있는 것

MEMO

MEMO

MEMO

TOPIK 연습용 답안지

성명 (Name)	한국어 (Korean)	
	영어 (English)	

수 험 번 호

					8						
⓪	⓪	⓪	⓪	⓪		⓪	⓪	⓪	⓪	⓪	⓪
①	①	①	①	①		①	①	①	①	①	①
②	②	②	②	②		②	②	②	②	②	②
③	③	③	③	③		③	③	③	③	③	③
④	④	④	④	④		④	④	④	④	④	④
⑤	⑤	⑤	⑤	⑤		⑤	⑤	⑤	⑤	⑤	⑤
⑥	⑥	⑥	⑥	⑥		⑥	⑥	⑥	⑥	⑥	⑥
⑦	⑦	⑦	⑦	⑦		⑦	⑦	⑦	⑦	⑦	⑦
⑧	⑧	⑧	⑧	⑧	●	⑧	⑧	⑧	⑧	⑧	⑧
⑨	⑨	⑨	⑨	⑨		⑨	⑨	⑨	⑨	⑨	⑨

※ 결 시 결시자의 영어 성명 및
확인란 수험번호 기재 후 표기

※ 답안지 표기 방법(Marking examples)
바른 방법(Correct) ●
틀린 방법(Incorrect) ⊘ ⊙ ⊗ ◑ ○

※ 위 사항을 지키지 않아 발생하는 불이익은 응시자에게 있습니다.

※ 감독관 본인 및 수험번호 표기가
확 인 정확한지 확인 (인)

주관식 답안은 정해진 답란을 벗어나거나 답란을 바꿔서 쓸 경우 점수를 받을 수 없습니다.
(Answers written outside the box or in the wrong box will not be graded.)

| 51 | ㉠ |
| | ㉡ |

| 52 | ㉠ |
| | ㉡ |

| 53 | ㉠ |
| | ㉡ |

아래 빈칸에 200자에서 300자 이내로 작문하십시오 (띄어쓰기 포함).
(Please write your answer below; your answer must be between 200 and 300 letters including spaces.)

※ 54번은 뒷면에 작성하십시오. (Please write your answer for question number 54 at the back.)

54

주 관 식 답 란 (Answer sheet for composition)

아래 빈칸에 600자에서 700자 이내로 작문하십시오 (띄어쓰기 포함).
(Please write your answer below; your answer must be between 600 and 700 letters including spaces.)

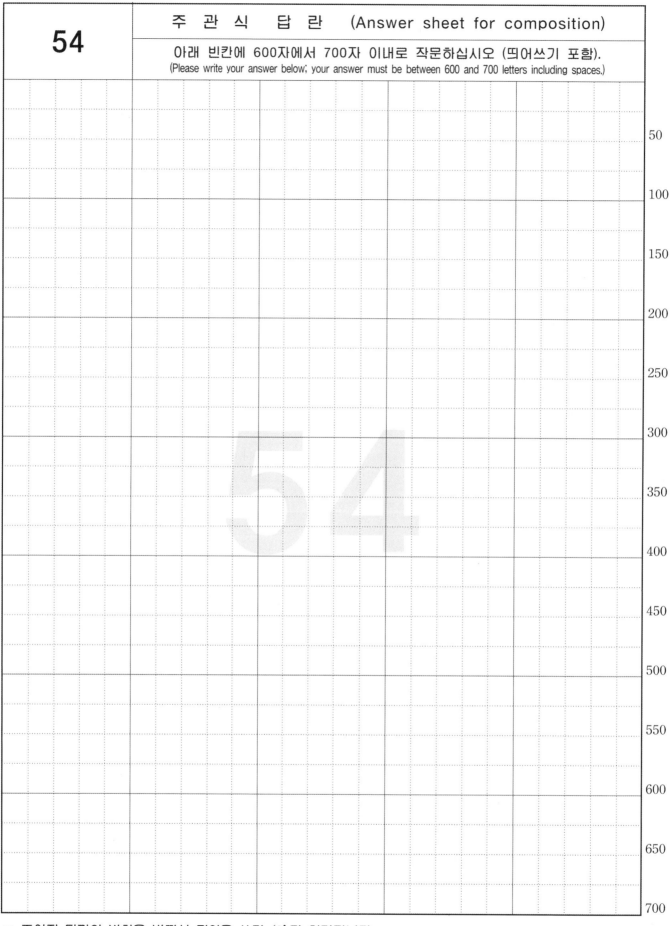

50

100

150

200

250

300

350

400

450

500

550

600

650

700

TOPIK 연습용
답안지

성 명 (Name)	한 국 어 (Korean)	
	영 어 (English)	

수 험 번 호

8											
⓪	⓪	⓪	⓪	⓪	⓪	⓪	⓪	⓪	⓪	⓪
①	①	①	①	①	①	①	①	①	①	①
②	②	②	②	②	②	②	②	②	②	②
③	③	③	③	③	③	③	③	③	③	③
④	④	④	④	④	④	④	④	④	④	④
⑤	⑤	⑤	⑤	⑤	⑤	⑤	⑤	⑤	⑤	⑤
⑥	⑥	⑥	⑥	⑥	⑥	⑥	⑥	⑥	⑥	⑥
⑦	⑦	⑦	⑦	⑦	⑦	⑦	⑦	⑦	⑦	⑦
⑧	⑧	⑧	⑧	⑧	⑧	⑧	⑧	⑧	⑧	⑧
⑨	⑨	⑨	⑨	⑨	⑨	⑨	⑨	⑨	⑨	⑨

※ 결 시 확인란
결시자의 영어 성명 및 수험번호 기재 후 표기

※ 답안지 표기 방법(Marking examples)
바른 방법(Correct) ●
틀린 방법(Incorrect) ⊙ ⊗ ⊖ ◑

※ 위 사항을 지키지 않아 발생하는 불이익은 응시자에게 있습니다.

※ 감독관 확인
본인 및 수험번호 표기가 정확한지 확인 (인)

주관식 답안은 정해진 답란을 벗어나거나 답란을 바꿔서 쓸 경우 점수를 받을 수 없습니다.
(Answers written outside the box or in the wrong box will not be graded.)

51 ㉠

㉡

52 ㉠

㉡

53 ㉠

㉡

아래 빈칸에 200자에서 300자 이내로 작문하십시오 (띄어쓰기 포함).
(Please write your answer below; your answer must be between 200 and 300 letters including spaces.)

50

100

150

200

250

300

※ 54번은 뒷면에 작성하십시오. (Please write your answer for question number 54 at the back.)

주 관 식 답 란 (Answer sheet for composition)

아래 빈칸에 600자에서 700자 이내로 작문하십시오 (띄어쓰기 포함).
(Please write your answer below; your answer must be between 600 and 700 letters including spaces.)

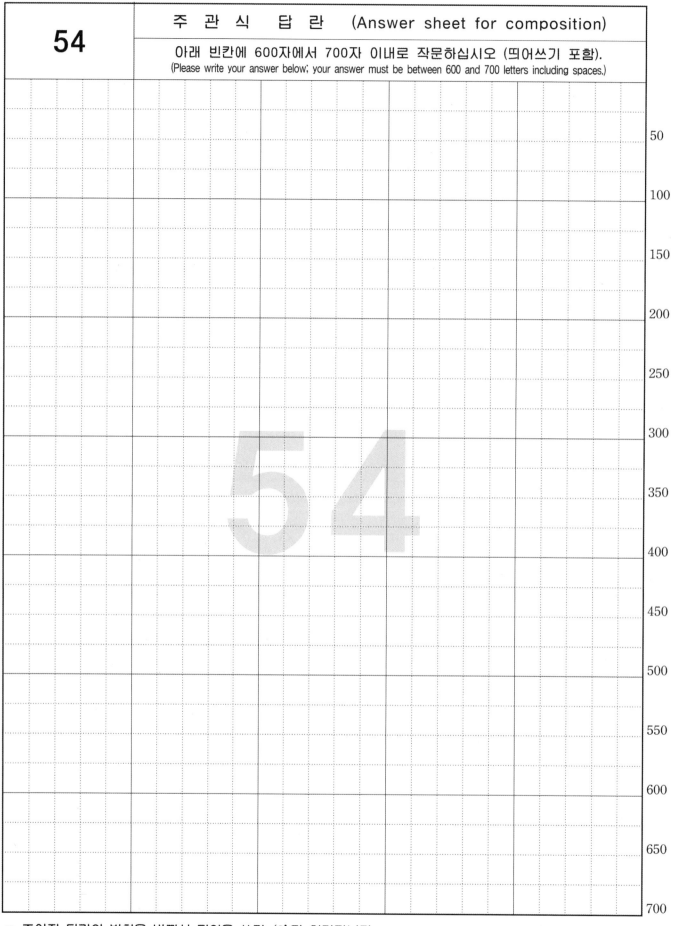

50

100

150

200

250

300

350

400

450

500

550

600

650

700

※ 주어진 답란의 방향을 바꿔서 답안을 쓰면 '0'점 처리됩니다.
(Please do not turn the answer sheet horizontally. No points will be given.)